# 旅游管理与旅游文化传播

张莉杰　著

延边大学出版社

**图书在版编目（CIP）数据**

旅游管理与旅游文化传播 / 张莉杰著. -- 延吉 ：
延边大学出版社, 2020.12
ISBN 978-7-230-00577-7

Ⅰ. ①旅… Ⅱ. ①张… Ⅲ. ①旅游经济－经济管理－
研究②旅游文化－文化传播－研究 Ⅳ. ①F59
②F590-05

中国版本图书馆 CIP 数据核字(2020)第 255785 号

**旅游管理与旅游文化传播**

---

著　　者：张莉杰
责任编辑：孟祥鹏
封面设计：延大兴业
出版发行：延边大学出版社
社　　址：吉林省延吉市公园路 977 号　　邮　　编：133002
网　　址：http://www.ydcbs.com　　E-mail：ydcbs@ydcbs.com
电　　话：0433-2732435　　传　　真：0433-2732434
制　　作：山东延大兴业文化传媒有限责任公司
印　　刷：延边延大兴业数码印务有限责任公司
开　　本：787×1092　1/16
印　　张：11
字　　数：200 千字
版　　次：2022 年 3 月 第 1 版
印　　次：2022 年 3 月 第 1 次印刷
书　　号：ISBN 978-7-230-00577-7

---

定价：56.00 元

# 作 者 简 介

张莉杰，男，中共党员，副教授，现就职于重庆城市管理职业学院，旅游管理专业科研室主任，主要研究方向为旅游管理、人力资源管理。

# 前　言

旅游业在我国经济发展中占据着十分重要的位置，其在发展过程中也面临着许多问题。随着我国旅游事业规模的不断扩大，其管理方式也需要不断改进，与时俱进。目前，在旅游业的管理中还有很多问题没有得到有效解决，从而在一定程度上限制了旅游业的发展。

我国社会经济的不断发展及改革开放的不断深入，带动了旅游业的快速发展，旅游业的文化格局也呈现出多元化、多层次的局面。推动旅游业的发展对旅游文化的传播具有深远意义，同时旅游业的迅速发展也离不开文化传播的带动，正是由于文化传播，来自各地的游客才会对旅游景点产生浓厚的兴趣，从而促进旅游业的发展。

旅游文化的传播有利于旅游经济的发展，只有不断加强对旅游文化的建设，才能带动旅游业的发展，同时带动其他产业的发展，进而提高人们的文化素质，促进文化的多元发展。

本书共 6 章，分别就旅游管理的理论研究、创新研究与模式研究、旅游文化的相关内容进行了阐述，并对旅游文化传播的理论研究与创新研究进行探讨，从而说明旅游管理与旅游文化传播之间的紧密联系。

由于时间仓促及作者水平有限，书中难免存在不足之处，恳请广大读者朋友批评指正。

# 目　　录

# 第一章　旅游管理的理论研究

## 第一节　旅游管理中存在的问题与优化策略

随着人们生活水平的提高，旅游作为休闲、娱乐的方式之一，越来越受消费者的青睐，成为增加地方收入的渠道之一，但与此同时，我国旅游业的管理也随之出现了越来越多的问题。因此，相关部门必须高度重视旅游业中存在的问题，并积极予以解决，以促进旅游业更好地发展。

### 一、旅游管理中存在的问题

#### （一）基础设施薄弱

当前，我国一些地区的基础设施建设较为落后，不能有效地满足游客的需求，这成为制约我国旅游业发展的主要因素。很多地区往往只注重旅游业带来的经济效益，而不注重基础设施建设，导致景区的基础设施建设落后，不能使游客获得心理上的满足；配套产业发展不完善，如周边的住宿、餐饮等行业发展较慢；景区特色不明显，让很多游客心理上产生落差；景区内部没有配套的环境保护设施，如污水处理系统等，导致景区内垃圾大量堆积，不利于景区的长期发展。

#### （二）管理体制不完善

随着我国旅游业的快速发展，其管理制度也面临着很多问题，如政府内部的旅游相关管理部门没有进行明确的责任划分；旅游协会不正规，内部没有专业的管理机制；景区没有结合当下的实际情况进行整改等。这些问题都严重阻碍了我国旅游业的发展。

### （三）景区宣传力度不够

目前，我国很多景区没有有效结合当下新型的媒体宣传手段，依然使用传统方式来进行宣传，导致其自身优势不能被充分地体现出来，因此不能有效地吸引游客前来旅游。我国有很多风景秀丽但是比较偏僻的景区，但由于宣传不到位，没有打响知名度，因此这些美丽的景区无人知晓，这不利于当地旅游业的健康发展。

## 二、旅游管理的优化策略

### （一）完善景区内基础设施的建设

完善景区内基础设施的建设是带动当地旅游业发展的重要手段。首先，应当加快景区内基础设施建设的步伐，如在景区内设立休息区、洗手间、医疗室等，以满足游客不同的需求；景区内的警示牌、指路标记、垃圾桶等应按照合理的布局来放置，以方便游客出行与使用；优化景区环境，安装净化设备，使游客身处干净、整洁的环境中，呼吸到新鲜的空气，从而保持愉悦的心情，提高其对景区的满意度。

### （二）建立健全旅游管理机制

相关部门应当根据旅游业发展的实际情况，不断完善旅游管理机制。首先，应当制定完善的管理制度，并划分责任主体，落实旅游管理工作，以免在出现问题时相关部门互相推诿；其次，应当制定严格的管理制度，不仅要对旅游服务行业的发展方式进行规范，同时也应避免游客在景区内出现不道德的行为，从而保障旅游业的健康发展；最后，根据旅游项目不同的产权归属进行责任划分，确保在问题出现时有关部门能第一时间进行解决，避免损失的进一步扩大。

### （三）采用先进媒体技术进行宣传

随着信息时代的到来，旅游业也应当顺应时代的潮流，应用新媒体技术手段，打响自身的品牌。首先，可以通过拍摄宣传片、微电影，或者与知名微博博主合作的方式，推广自身旅游产品，使网友了解该旅游地的特色；其次，可以建立专门的官方网站，并在各大旅游平台进行宣传，以提高其在社会上的知名度；最后，建立微信公众号，将景区的图片及相关历史、典故等上传至公众号，方便网友了解，同时还可以与网友进行互动，了解他们的需求，以便完善景区内的服务设施，从而更好地吸引游客。

旅游业是我国重要的经济产业之一，它不仅带动了我国社会经济的发展，也使人们的日常生活变得更加丰富多彩。因此，相关部门应当根据当前旅游管理中的不足，不断地进行改善，以促进我国旅游业的健康发展。

# 第二节　传统文化与旅游管理

我国的旅游资源非常丰富，旅游资源不仅仅是指美丽的自然风光、奇特的地质地貌，还包括各种历史建筑及人文景观等。我国传统文化中也包含着丰富的旅游资源，如中华民族在几千年的历史进程中创造的精神文明和物质文明。因此，在开发旅游资源时，应做好对传统文化的管理工作。

## 一、传统文化与旅游管理之间的关系

旅游资源通常都具有丰富的文化内涵。文化是全体人类智慧的结晶，是人类在长期劳动中形成的宝贵财富，更是人类进行一系列创造的基石。多种多样的文化中包括多种多样的学科，如社会学科、自然学科和艺术学科等，都是人类社会长期发展的成果。旅游就是为了满足人们的精神需求和物质需求，从某种程度上来说，旅游和文化生活是差不多的。各个地区的文化有所不同，人们在旅游的时候，不仅可以在不同的地区感受到不同的文化，还可以传播旅游地的文化。

我国的旅游资源非常丰富，不管是人文资源还是自然资源，或者是人文和自然融合之后的资源，一般情况下都与艺术、历史、科学等各个领域的知识息息相关。比如，自然旅游资源往往蕴含着丰富的哲理和科学趣味，人们在旅游的过程中能够对大自然进行更好的认知和研究。人们到各个地区旅游，除了可以领略到大自然的美好风光，还可以感受各个地区不同的文化，丰富自己的人生阅历，开阔自己的视野，学习旅游文化的相关知识，进而获得精神上的满足。

传统文化与旅游管理存在密切的联系，文化的发展在一定程度上影响着旅游管理的发展。随着人类社会的发展，文化在不断地进步，旅游管理也随着文化的发展而不断进步，当文化的发展水平较高时，旅游管理的水平也会随之高一些。在不同的文化背景下，人们的管理方式也会存在很大差别，例如，由于东西方文化的差异，西方国家的管理模式就和中国有着很大的区别，在旅游行业，不同地区的文化也会对地方旅游管理产生一定的影响。同样，旅游管理也会对文化产生一定的影响，例如，人们只有首先解决了自己的衣食住行问题，满足了自身的物质需要，才会进行一系列的管理活动。当人们的物质条件达到一定水平时，人们不再为自身的衣食住行发愁，就会自然而然地产生精神需求，希望到不同的地区去旅游，感受不同地区的文化，开阔自己的视野。所以说，传统文化和旅游管理之间存在着密切的联系，两者相辅相成，共同存在。

## 二、传统文化旅游背景下旅游管理需要坚持的原则

### （一）因地制宜原则

我国的传统文化会对旅游管理产生很大影响，在对旅游资源进行管理时，一定要因地制宜，不同地区的旅游资源应采取不同的管理模式，不可一

概而论。由于管理模式也可以对游客产生吸引力，这使其具有一定的文化价值和经济价值，因此相关部门应根据各个地区旅游资源的特点为其制订相关管理计划。

我国旅游资源的种类比较多，主要可以分为自然旅游资源与人文旅游资源两大类。

自然旅游资源指的是让人身心放松的自然风景，包括一些自然风光和地理景观，是人们可以实际感觉到的物质，一般情况下是不可以转移的。它的独立性比较强，有着非常丰富的文化内涵。管理者在管理自然旅游资源的时候，应该展现大自然之美，使游客从大自然的风光中感悟哲理，从而使得自然旅游资源更加具有教育意义和研究意义。与此同时，管理者还可以开发自然旅游资源的度假功能和运动功能，使人们可以更好地亲近大自然，享受大自然带来的乐趣。

人文旅游资源则有着特别丰富的文化内涵和历史内涵，它是人类文明长期发展的产物，但是人文旅游资源中的文化有一定的抽象性，人们在欣赏实际物体的时候，并不能很好地理解人文旅游资源中蕴含的历史文化价值和艺术价值，也很难将其与相关的风俗文化联系起来。所以管理者在管理人文旅游资源的时候，就需要让一些文化知识储备深厚的人员参与进来，不然很难诠释人文旅游资源中的科学文化内涵。

### （二）市场导向原则

在当今市场环境下，任何行业要想有广阔的发展空间，都必须以市场为基础，并将市场行情作为发展指南。在进行管理的时候也要以市场为导向，事先对旅游业进行充分的市场调研，并对调研结果进行论证，然后根据整个旅游市场的需求对其进行准确定位，以便对旅游资源进行开发，并对所开发的旅游资源进行管理。旅游业涉及人群广，每个人的需求都会有所不同，假如旅游产品满足不了游客的需求，旅游资源的功能就不能完全发挥出来。因此在进行旅游资源开发的时候，管理者应该以市场需求为开发导向，仔细对游客的需求进行研究，设计出更加个性化的产品，满足游客的旅游需求，使旅游资源得以充分利用。

## 第三节 旅游管理专业人才培养模式探究

综合素质高，应用能力、创新能力强等是旅游管理人才的新标准，也是高校旅游管理专业人才培养的核心内容。探究我国旅游管理专业人才的培养模式，对旅游管理专业应用型人才的培养具有重要意义。

### 一、区域经济发展对旅游管理专业人才的要求

#### （一）掌握专业前沿技术

随着互联网技术的进步和在线旅游运营商的不断发展，旅游业需要大量掌握旅游管理专业知识和信息网络技术的人才，如可以线上完成旅游咨询、订购、交易的旅游电子商务人才；能够以电子信息技术为基础，以计算机网络为媒介进行各种营销活动的旅游网络营销人才；同时也需要熟练使用各类旅游管理系统软件，如酒店管理软件、旅行社管理软件等的旅游信息化管理人才。

#### （二）熟练掌握和运用经营管理模式

旅游业的快速发展，需要旅游管理专业人才具备较强的企业综合运营能力，如营销、策划、渠道管理、危机管理、收益管理等。

#### （三）具备跨行业的属性特征

“旅游＋”战略的提出是对传统旅游业的升级改造，未来旅游业的发展不是在本行业内，而是与其他行业的深度融合，例如，研学旅游是与教育的

融合，康养旅游是与健康养老的融合，乡村旅游是与农业的融合，等等。因此，未来旅游业的人才只有具备了跨行业的属性特征，才能进行创新，将旅游业深度融合到各领域中。

### （四）具有旅游从业人员所需的素质

第一，道德素质是关键。行业中出现的一些不良现象，如强迫购物、索要小费、辱骂客人等都与从业人员的道德素质有关。第二，身体素质是前提。从业人员要具备较好的身体素质，能吃苦耐劳。第三，心理素质是必需。从业人员应具有较强的心理适应能力以及情绪调节能力。第四，人文素质是基础。从业人员应具备一定的人文知识，能较好地理解相关的人文思想和历史渊源。

## 二、旅游管理专业服务区域经济发展的策略

### （一）根据区域特色调整课程设置

在进行人才培养的过程中，首先要根据本地区的基本情况，因地制宜地培养人才。在进行旅游专业人才培养的过程中，应以为本地区培养优秀的旅游专业人才为最终目的，课程的设计一定要适当地增加一些具有地方特色的教学内容，并增加旅游实践课的课时，相应地提高实践课的学分，鼓励学生多参加校内外的实践活动。同时还可以邀请相关专家进行公开授课，让学生多学习本地区的特色旅游知识，为日后的实际工作打下坚实的基础。

### （二）针对市场需求进行教学大纲的设计

教育要以市场需求为导向，结合市场需求调整和优化教学内容。随着旅游业的快速发展，如果希望人才培养能满足企业的需求，就需要定期对旅游市场进行针对性的分析，与时俱进，根据当前的要求调整和优化教学内容。此外，区域文化一定要纳入课程体系之中，这样可以确保学生熟悉和掌握地方文化特征。教师也可以根据学生的就业意向区域进行分组教学，在教学过程中，重点讲解学生就业意向地区的旅游文化资源，以提高学生的文化素质。

### （三）深化校地企合作，满足旅游企业对人才的需求

强化学校、地方、企业三方的全方位参与，把课堂延伸到企业，把企业文化渗透到课堂，构建校地企三方“合作育人、合作就业、合作发展”的人才培养新理念。通过校地企深度融合，坚持“走出去，引进来”，三方共同参与专业建设、课程设置和教学大纲的制定，以确保人才培养的针对性与实用性，为企业的发展提供智力支持和人才保障。同时，加强对学生实习实践的管理，在学生实习前制订合理的计划，在实习过程中校内导师与校外导师应共同对学生进行管理，实习结束后校内导师与校外导师对学生进行评价考核。学校应根据旅游业的新发展，积极拓宽实习实践教学渠道，不断优化实习基地结构，特别是与旅游新业态企业共建实习实践基地，以增加学生接触旅游业前沿的机会。

### （四）打造产教融合、优势互补的双师型师资队伍

旅游学科是多种知识和多学科的融合。旅游专业教师需要具备不同的学科背景，高校应该真正建立学校与企业之间“双向互聘”的合作机制，打造优势互补的教师队伍。学校在邀请旅游高级管理人员和具有丰富实践经验的工作人员到学校开展学术交流和讲座的同时，也要安排教师去与旅游相关的互联网公司进行深入学习和研究。学校应创造条件鼓励教师与企业联合开发“互联网＋旅游”教学软件，其中企业负责技术和市场推广工作，学校负责教学和科研工作，双方共同开发“互联网＋旅游”新系统，再结合新系统编写教材，以实现教学的与时俱进。

### （五）设置创新创业基础类课程

高校进行基础类课程的设置，主要是为了培养学生的创新思维。在课程的实际设置上，有“创新创业教育”“创新创业文化”和“专业导论与专业创新”等课程，教师在讲授这些课程时，要着重开发学生的思维，改变学生的思维方式，让学生在了解什么是创新创业后，能够将创新创业这一文化不断地传承下去。通过这些课程的学习，可为学生之后的专业类课程学习打下

一定的知识基础。

### （六）设置创新创业专业类课程

高校进行专业类课程的设置，其目的主要是培养学生的创新创业技术能力，该课程主要包括“旅游电子商务”“旅游信息化管理实务”和“新媒体文案策划与写作”，以及其他核心课程。专业类课程在基础类课程的基础上，加强对学生创新创业技术技能的培养，以便学生能够更好地进入应用类课程的学习。

总之，旅游管理专业服务于区域经济发展，即通过教学、科研、服务等为旅游发展献计献策，有效提升地方旅游的竞争力，进而提高旅游管理专业人才培养质量和相关的专业师资水平。

# 第四节　旅游管理信息化研究

随着社会经济和文化的快速发展，人们的物质生活水平显著提高，在此基础上，人们对精神生活也有了更高的追求，由此旅游业得到了迅速发展。在信息快速更新的当今社会，不少行业在发展中实现了管理模式的信息化，这一转变促进了该行业的整体发展。笔者通过分析旅游管理信息化的发展现状，发现仍有不少人缺乏对旅游管理信息的认识和了解。因此，笔者在研究过程中，对旅游管理信息化的必要性进行分析，同时重点研究了实现旅游管理信息化的具体措施。

## 一、旅游管理实现信息化的必要性

### （一）旅游管理信息化是信息化社会的要求

在经济快速发展的背景下，人们对生活各方面的要求显著提高。旅游能够有效缓解工作、生活给人们带来的压力。旅游业的发展能够充分带动旅游地区其他产业，如交通、餐饮等传统产业的发展，也对国际金融、仓储物流、信息咨询、文化创意、影视娱乐、会展博览等新型服务业具有重要的促进作用。当前互联网技术的快速更新和发展，使得信息的流通能力变得更强，人们获取信息的渠道也更为广阔。为了进一步促进旅游业的发展，旅游管理信息化是当前信息化社会的必然要求。

### （二）旅游管理信息化是增强游客信息依赖性的根本动力

旅游管理信息化不仅是信息化社会的要求，也是增强游客信息依赖性的根本动力。具体表现在以下三个方面：第一，与其他行业生产的产品相比，旅游业产品具有生产与消费的同时性等特点。游客对旅游地点的选择，只能依赖于旅游地点的相关信息。对旅游地点相关信息进行科学有效的管理，能够增强游客对信息的依赖性。第二，旅游业在发展过程中，通常会受到自然条件和经济发展条件等相关因素的影响，容易产生波动。管理者可以通过旅游管理信息化，来实现对旅游业的科学管理。第三，管理者可以通过电子商务平台，以低成本来获取游客的相关信息。

### （三）旅游管理信息化是促进旅游业可持续发展的基础

旅游管理信息化能够提高相关信息的科学性，并促进旅游业的可持续发展。不少旅游业管理者已经意识到信息对旅游管理发展的重要性。管理者可根据对信息的分析，实现对旅游业各环节信息的管理，充分提升旅游信息系统的规范性。同时，在互联网信息技术的支持和引导下，游客能够比较全面地获取旅游目的地的相关信息，从而加深对旅游地的认识。由此可以看出，旅游管理信息化是旅游业可持续发展的基础。

### （四）旅游管理信息化是提升旅游国际化水平的前提

根据对旅游业发展状况的分析，笔者发现，旅游业在过去的发展中受到了社会发展进程的影响，各项与旅游业相关的工作均采用人工的方式，从而限制了旅游业的发展。当今社会，随着互联网技术的不断发展，旅游管理信息化有助于管理者从信息技术的角度实现对各部门、各环节的技术性管理，从而提高旅游业的管理水平，改善旅游市场的相关信息环境，突出旅游经济的个性。因此，旅游管理信息化可以提升旅游业的相关信息技术水平，提高旅游景点的知名度，同时也可以提升旅游业的国际化水平。

## 二、旅游管理信息化的具体措施

### （一）加强旅游管理信息化软件和硬件的建设

管理者应通过对旅游管理信息化的现状分析，明确当前旅游管理信息化建设的必要性，并针对当前旅游管理信息化的水平，加强对旅游管理信息化软件和硬件的建设。在加强对旅游管理信息软件建设方面，旅游业要坚持“科技以人为本”的理念。管理者在注重旅游管理信息化水平提升的同时，也应加强对相应技术型人才的聘用，并定期对在岗的信息技术型人才进行培训，从根本上强化旅游管理信息化程度。同时，管理者要根据旅游管理信息化的现状，制订科学合理的旅游信息计划，组织各相关部门的工作人员，开展对计算机操作技术的学习，从整体上提升旅游管理的信息化水平。在加强对旅游管理信息硬件建设时，管理者要注重旅游信息网点的建设。管理者在加大资金投入的同时，也要将图文数据库和地图数据库等融入基础设施建设中，从而实现对旅游管理的信息化建设。

### （二）提高对旅游信息资源的管理能力

管理者在实施旅游管理信息化时，对旅游相关信息资源加以了解，是提升其旅游管理信息化水平的重要保障。从某种角度来说，旅游相关信息的可靠性和准确性在一定程度上影响着旅游管理信息系统的发展。因此，在促进旅游管理信息化的过程中，旅游管理相关部门应加强对旅游信息的收集，并在互联网信息技术的支持下，实现旅游信息的共享和交流，提升对旅游信息的利用和管理能力。此外，政府部门要加强对旅游信息的控制，针对相关部门提供的旅游信息，制定与之相对应的法律法规，以此实现对旅游相关信息的政策管理。

### （三）加强旅游信息数据库的建立

在信息化建设过程中，信息数据库的建设对管理者管理信息化水平的提升具有重要意义。在旅游管理信息化建设过程中，相关技术人员应将旅游相关信息数据库与地理信息系统有效地结合起来，加强旅游管理的信息化程度。建立旅游信息数据库，从信息技术的角度出发，能够实现对旅游相关信息的存储，包括旅游数字化的图像、旅游相关信息数据等。

### （四）有效利用地理定位系统

从某种角度来说，地理定位系统在旅游管理信息化中的应用能够从不同程度上提升旅游管理的信息化程度。因此，在促进旅游管理信息化发展的过程中，要充分利用地理定位系统。该系统是比较完善的软件系统，能够通过对互联网信息技术的支持和利用，将图形、文字等各类内容有效地融合在一起，并通过智能操作，实现对旅游相关信息的综合整理。通过对地理定位系统的利用，相关人员能够收集各种与旅游管理相关的信息，及时准确地对数据进行分析，并得出具体的旅游管理信息数据分析结果。

## 第五节　全球旅游管理的新兴趋势

旅游的本质就是人类的活动，旅游不仅能使人们在短期的异地生活中获得幸福感、存在感、新奇感，还能丰富人们的精神生活。旅游全球化意味着旅游业扩大到了世界范围，相关人员只有了解了全球旅游管理的新趋势，才能精准识别和有效应对行为、环境、技术等因素的动态变化，从而更好地开展旅游管理。

## 一、全球旅游的特点及现状

旅游业正处于高速稳定发展的阶段，旅游业的发展推动了全球经济的进步，为各地区的发展带来了新机遇。从全球化的角度来看，传统的旅游目的、旅游行为已经跟不上新型旅游方式的步伐，旅游业要想保持高速稳定发展，就必须采取全球化的旅游管理方式。

目前，旅游业与科技、文化、商业、教育等产业的结合日益紧密，尤其是与信息技术的发展相得益彰，使其成了跨产业、跨区域的战略性产业。具体表现在以下方面：首先，科学技术创新是全球旅游业发展的重要推力，它能促进旅游管理的信息化和旅游需求的多样化，提高旅游设备的先进性。例如，在线预约、电子签证等业务不仅为游客提供了方便，也大大优化了旅游业的市场环境。其次，全球旅游业与文化相结合，旅游产品的灵魂是文化，无文化的旅游是不存在的。例如，奥运会、世博会等文体盛会的成功举办，使旅游业实现了文化传播和经济效益的双赢。最后，旅游业促进了商业的发展，例如，游客的住宿、餐饮、购物等需求带动了旅游地相关产业的发展。

## 二、全球旅游管理发展的新趋势

旅游业创收显著，目前已跨入全球重要产业行列。全球旅游业的发展将会出现市场细分化、方式多样化、更注重绿色环保等新趋势，因此旅游管理也要作出相应的调整。

### （一）旅游市场细分化

旅游市场的细分化是全球旅游管理发展的一大趋势。旅游市场细分化可以使旅游产品更丰富多样，除了传统的度假游、观光游等重点项目，专题游、特殊游的发展前景也非常广阔，如探险游、考古游、民俗游等。旅游市场细分化将会促进旅游重点项目的转型升级。

### （二）旅游方式多样化

未来的旅游发展会朝着自由化、个性化发展，多种多样的新型旅游方式也会随之出现。游客会更加注重旅游的体验感和参与感，因此，一些特色鲜明、轻松有趣、独具文化特色的旅游地，寓游于乐、游娱一体的旅游方式将会深受游客的喜爱。未来旅游产品开发应将重点放在民俗风情、特色文化、游娱一体上面。

### （三）更注重绿色环保

更注重绿色环保也是全球旅游管理发展的新方向。可持续发展备受全球重视，在旅游时，游客也希望能够保护旅游地的自然风光，并期望旅行公司和酒店履行其社会责任。越来越多的游客在交通上以步行、环保代步车为主，在住宿上以小巧实用并能与自然环境相融合的装备为主，如露营。

## 三、新兴旅游管理发展的启示

随着旅游全球化，旅游业对社会经济发展的促进作用显而易见，我们可以从中获得以下启示：首先，旅游产业已成为大部分国家经济发展的战略计划之一，是参与全球竞争的主要手段。各国政府部门普遍开始加大旅游财政投入，完善公共服务基础设施建设，开发独具特色的旅游产品以提高其竞争力。相关人员应该抓住旅游新机遇，制定合理的旅游规划，将旅游业作为新的经济增长点来培育。其次，旅游业与国家的文化、历史密不可分，是国家软实力的象征。政府部门可借助全球旅游新趋势来提升国家形象，输出特色文化，增强国家影响力，如举办主题文化年、国际性文化展会等活动，以吸引更多的国际游客，促进国际文化交流，提升国家综合实力。旅游产品开发还要注重人文特色，为旅游业的发展增添亮点。最后，全球旅游业发展应注重可持续性，发展生态旅游、环保旅游等。旅行社应将各地自然资源、人文资源与旅游产品结合，创造出更大的价值，如为当地居民增加收入、提供工作机会等，从而实现生态环境保护和经济发展的目标。

由此可见，全球旅游管理发展的新趋势对提升国家的综合实力、促进国家经济的发展起着极其重要的作用，相关管理人员要从旅游文化、旅游体验等多角度出发，重新认识全球化背景下的旅游管理。

# 第二章　旅游管理的创新研究

## 第一节　旅游管理体制改革

旅游管理就是指旅游业中的管理者为了更好地为游客提供服务，合理地运用各项职能，针对旅游业中的财、物、人、地区和部门所进行的计划、组织、监督、协调等相关工作。随着我国旅游业发展速度的加快，旅游管理体制仍然还存在着诸多的问题。

在改革开放逐渐深入的时代背景下，我国在旅游管理体制改革方面也取得了一定的进步。旅游管理体制改革不仅是时代创新的重要体现，也是顺应经济发展的必然趋势，同时也可以更好地适应旅游业的新变化，满足旅游业发展的实际需求，更是各个旅游企业提升服务质量的必经之路。

### 一、现阶段旅游管理体制改革存在的主要问题

#### （一）缺少宏观管理

在旅游企业中，除了青旅、中旅、国旅，其他旅行社几乎都处于同一个系统，这种现状导致了旅游业的系统出现各自为政及多头建设等问题。特别是在市场疲软及客源不足的情况下，各个旅游企业之间的竞争加大，从而导致了市场混乱及内部矛盾激化等问题。

#### （二）产业结构严重失衡

首先，一些旅游商品存在着品种单调、创意不足等问题，导致其优势不

能充分地发挥出来；其次，在交通上也存在着很大问题，自 20 世纪 90 年代以来，某些景区出现了客源众多的局面，导致了“一票难求”等问题，另外交通口岸的发展及配置也相对滞后。

## 二、完善旅游管理体制改革的有效对策

现阶段，我国在旅游管理体制改革的过程中还存在着产业结构严重失衡等问题，行业管理者可以通过加强行业管理体制的建设，以及完善企业自身的管理体制等途径，合理地解决这些问题。

### （一）加强旅游业整体管理体制的建设

对旅游业整体管理体制进行改革已成为现阶段的必然趋势。相关政府部门只对企业的经营活动进行管理，显然已不符合现阶段国民经济迅速发展的要求，只有真正将政府相关部门的管理转变为旅游业自主的行业管理，才能更好地适应目前旅游业发展的实际需求。可按照劳务及产品所具备的特点来对企业进行划分，之后再由政府相关部门对其进行管理。与此同时，也应合理地转换主管部门的相关职能，以实现三方面的改革，即由微观转为宏观的改革、直接转为间接的改革、部门转为行业的改革。

### （二）完善企业自身的管理体制

政府相关主管部门应进行协商，清理一些不符合成立条件的旅游企业。同时，所有的政府相关部门应积极推进政企分离，以便形成以大型国民企业为主导，中、小型企业有序发展的格局。这些举措可以优化企业经营环境，为企业之间的公平竞争创造良好条件。旅游企业可以灵活制定用工条件，完善和推进企业的经营承包责任制，并以股份制改革为主要方式，进行经营方式的改革。

# 第二节　生态旅游管理

生态旅游是新时期人们进行社会资源规划的重要形式之一，也是当下社会发展的必然趋势和未来社会经济的重要组成部分之一。它具有生态性和经济性等重要特征。将自然保护区、社区和生态旅游进行结合是当今时代的发展潮流，可以给生态旅游带来更多资源上的支撑，也可以带来更多经济利益。本节主要阐述自然保护区和社区在生态旅游管理方面存在的问题，并提出相关措施。

## 一、自然保护区生态旅游管理

### （一）我国自然保护区生态旅游管理方面的现状

我国幅员辽阔，拥有多种多样的自然景观，我国的旅游资源中有很大一部分是自然资源，因此对自然保护区开展生态旅游管理工作是一项必要且有积极意义的事情。近年来，在已经开展生态旅游管理工作的自然保护区中，保护区环境管理、生态恢复性建设、协调自然保护区和区域服务建设管理等工作正在有序进行。但是，我国在生态旅游管理工作方面也存在着种种问题，如资金短缺、服务人员不足等，这些都是阻碍自然保护区生态旅游管理工作有效开展的重要因素。

### （二）开展自然保护区生态旅游管理工作的积极意义

由于很多景观具有原始性和自然性等特征，而且一些旅游地会给游客带来一些独特的感受，因此很多游客会选择到那些地方旅游。以此为前提，将自然保护区和生态旅游相结合会产生独特的效果。一方面，自然保护区的重点在于自然，其为生态旅游的良性发展奠定了坚实基础；另一方面，生态旅游可以给当地带来更大的人流量，人流量一旦大起来势必会带动当地的消费水平，并由此促进当地经济的快速发展。因此，开展自然保护区生态旅游管理工作，对当地的环境效益、经济效益具有十分积极的作用。当有了越来越大的人流量之后，当地一定会对自然保护区的发展更加重视，这在一定程度上也促进了自然保护区本身的发展。因此，开展自然保护区生态旅游管理工作具有十分重大的意义。

### （三）加强自然保护区生态旅游管理的相关策略

对自然保护区生态旅游进行管理，可以帮助我国更好地开发自然保护区的社会资源，还能产生一定的经济效益和社会效益。但是在我国当下自然保护区生态旅游管理工作的开展过程中仍存在很多问题，这在一定程度上限制了景区的可持续发展，相关部门需要重视这些问题，并不断对自然保护区生态旅游管理工作进行改革和创新。

#### 1. 强化宏观上的管理

自然保护区生态旅游管理在宏观上主要分为两个方面：一方面，国家应完善相关法律法规。当自然保护区在开放的过程中有了法律法规的支撑，游客的很多行为就会被规范，自然保护区生态旅游也会朝着更好的方向发展。我国已经出台了多项相关法律法规，其中包括《中华人民共和国自然保护区管理条例》《海洋自然保护区管理方法》《森林和野生动物类型保护区管理办法》等。但是，目前仍然有一些不法行为存在，这也从侧面反映了我国在法律法规的建设方面尚存在一些不足，因此，需要相关部门出台一些新的法律法规来对这些不法行为进行规范和要求。另一方面，自然保护区需要完善相关的管理体制。不同类型的自然保护区应该形成不同的管理体制，对自然保护区生态旅游管理的部门进行责任划分。也可以适当制定一些奖罚制度，对管理方面比较出色的人进行奖励，对工作过程中出现问题的人进行惩罚，让工作人员时刻保持强烈的责任感。

#### 2. 对游客的某些行为进行规范和要求

游客的行为在很大程度上影响着自然保护区的环境质量，因此，自然保护区的相关管理部门可以对游客进行环境保护教育，以提高游客的环境保护意识。环境保护教育工作可以通过生态环境科普活动、科普知识培训大会和相关知识竞赛等形式进行，使参加活动的游客从根本上树立保护环境的责任意识，在旅游过程中规范自身的行为。另外，相关部门应对游客进行设备使用培训。自然保护区内通常会配有一些设备，一些游客因不了解设备的使用要求，盲目进行操作，这样会给游客和自然保护区带来更多的麻烦。

#### 3．加大自然保护区生态旅游的资金投入

相关部门应加大对自然保护区生态旅游的资金投入。一方面，国家应充分重视自然保护区生态旅游，加大这方面的资金投入；另一方面，社会中各行各业应该增加对自然保护区生态旅游项目的投资。

## 二、社区生态旅游管理

随着城市化水平的提高，很多地区在进行城市化建设的同时，也对当地的旅游业进行了开发，尤其是城市各社区的旅游业，这使得城市社区生态化水平越来越高。基于此，下文简要分析了社区生态旅游管理的影响因素和加强社区生态旅游管理的相关措施。

### （一）社区生态旅游管理的影响因素

#### 1．内部因素

就社区生态旅游而言，社区内部实质上指的是社区居民，同时还包括旅游公司及政府部门等。社区生态旅游的内部是动态发展的，是由内及外的发展过程，最终是为了将最好的社区生态环境展现出来。社区生态旅游的发展过程需要社区居民的积极参与。社区居民必须自愿参与到社区生态旅游管理中来，因为社区居民在社区生态旅游中不仅扮演了参与者的角色，还扮演了主人的角色，即社区居民能够为来社区旅游的游客提供导游服务、住宿服务等，使外来游客能够充分且全面地了解当地的风土人情、文化特点等，从而激发外来游客的消费欲望，最终带动当地经济发展。除了当地居民，负责社区生态旅游项目的旅游公司、政府单位及相关部门，也需要加强相互之间的沟通与合作，这样不仅能在旅游管理上实现相互促进、相互监督，还能提高社区生态旅游管理的水平。

2. 外部因素

社区生态旅游的外部影响因素通常指的是游客。除了游客，相关的非政府组织及单位也会对社区生态旅游产生一定的影响。在社区生态旅游管理中，管理者应把居民利益放在首位，即尽可能实现社区居民利益的最大化。但由于社区生态旅游发展及当地经济的进步离不开游客的支持，因此在进行社区生态旅游管理时也要帮助游客争取尽可能多的利益。因此，要不断完善社区生态旅游管理的方法及模式，同时兼顾社区居民及游客的利益。除了游客，还要考虑社区外一些相关非政府组织及单位，必要时还需要与这些组织、单位联合解决管理中的问题。

3. 社区因素

社区因素也是影响社区生态旅游管理的因素之一，具体体现在以下三个方面：第一，社区政府的影响。社区生态旅游涉及的领域很广，跨度也非常大，不仅包括林业及宗教领域，还包括工业部门和建设部门等，每个部门都影响着社区生态旅游管理模式。不仅如此，这些部门中工作人员的素质也会对社区生态旅游管理模式产生重大影响。第二，旅游企业的影响。旅游企业工作人员的素质直接影响着社区生态旅游整体的管理及发展，高素质的旅游企业工作人员能够在旅游管理中让社区居民获取最大利益，同时也能够最大限度地满足游客的需求，如旅游企业的工作人员能够为游客提供全面的历史文化和生态环境介绍，使其感受生态旅游带来的快乐，同时还能够提高当地居民及游客的生态环境保护意识。第三，社区居民素质的影响。社区居民素质是一个城市的形象，对游客有直接的影响。因此，社区居民要有主人翁意识，不仅要以热情的态度对待游客，还要深入了解当地的人文历史并加强对当地生态环境的保护。

### （二）加强社区生态旅游管理的相关措施

目前，社区生态旅游还处于起步阶段，在旅游模式及管理模式方面仍存在一些不足，因此相关部门需要不断地去探索新的社区生态旅游管理方法，并将之应用到实际工作中，以提高社区生态旅游管理的质量及水平，从而推动社区生态化发展。

1．增强社区居民的主人翁意识及参与管理的积极性

第一，加大生态环境保护的宣传力度，并定期对社区居民进行生态环境保护教育，以提高社区居民的环境保护意识；第二，鼓励社区居民积极参与到社区生态旅游管理中来，充分发挥他们的作用；第三，政府部门要积极与社区居民进行沟通，增强社区居民参与旅游管理的积极性。

2．制定科学合理的利益分配制度

第一，政府部门应邀请专业人员对社区生态旅游环境进行实地考察，并结合社区居民实际，制定出科学合理的居民利益分配制度，以实现社区居民的利益最大化；第二，政府相关部门要将实现社区居民利益最大化作为社区生态旅游管理的重要目标，并引导社区居民进行创业；第三，政府还可以请专业人员对社区居民进行有关当地历史文化的培训，提高居民的文化素养，使居民也能够为游客介绍当地的历史文化。

## 三、生态旅游管理的可持续发展

### （一）生态旅游管理中科学技术的应用

在对生态旅游进行管理的过程中，管理者可以结合实际情况，将科学技术合理地应用其中，这也是旅游业未来发展的必然趋势。但是，通过分析和研究我国旅游业的发展现状，笔者发现旅游业的发展速度非常快，很多技术的应用无法跟上该行业的发展步伐，这也是当前需要解决的问题之一。科学技术不仅可以促使生态旅游管理水平得到有效提升，还能够为生态管理的落实提供方便快捷的方式。比如，在日常管理过程中，景区可以将传统的纸质门票转变为电子门票，游客可以通过各种不同类型的渠道购买，这样不仅可以节省游客排队购票的时间，还能有效提升参观率。与此同时，景区还可以在大门口设置大屏幕，使人们可以随时看到景区进入人数、总容纳人数等基本信息，这不仅可以为游客提供更多便利，还能有效提升景区的服务水平。

### （二）确定生态环境保护与生态旅游之间的关系

在生态环境保护过程中，很多因素都会对最终效果产生影响。在旅游业快速发展的背景下，很多生态环境都未能实现可持续发展。针对这一问题，相关部门要结合当地旅游业的发展现状，制定和落实符合实际要求的管理措施，提出有针对性的发展建议。与此同时，要在实现可持续发展的基础上，继续落实生态环境保护工作，这样才能促使各种资源在生态旅游管理中得到合理利用。

## 第三节　大数据与旅游管理

实际应用情况表明，大数据在旅游管理中的有效应用，能够加快对客户相关信息的收集速度，同时有利于旅游企业自主地进行信息分析，以更好地满足消费者在旅游规划过程中的多元化需求，提高我国旅游企业战略决策的合理性。目前，大数据在旅游管理中的有效应用已经逐渐成为旅游业发展的主要趋势。

### 一、大数据技术在旅游管理中的应用价值

随着信息技术的发展，人们的生活理念已经发生了很大的改变，信息技术的有效应用也融入了人们的日常生活中。例如，人们在进行活动的过程中会产生庞大的数据信息，大数据技术能够快速地记录和整理这些信息。相关部门在旅游管理工作的开展过程中就可以结合数据内容，及时地分析旅游活动存在的优势和不足，并根据用户的实际需求制订出不同的旅游管理方案。大数据技术能够自主地对数据进行全面分析，帮助旅游业构建完整的公共服务体系，迎合客户的多元化旅游需求，全面提升旅游用户的满意度。同

时，大数据的有效应用还需要改变旅游业的传统管理模式，通过掌握更多的客户信息，结合客户的实际需求，制订出合理的旅游方案。大数据技术的有效应用将改变企业的传统营销模式，解决销售策略单一、销售方向不明确等问题，让企业能够自由地结合市场发展需求进行转型升级。同时，大数据技术在旅游管理中的有效应用还能够帮助旅游企业分析未来的发展方向，制定合理的营销策略。

## 二、大数据技术在旅游管理中的应用形式

### （一）大数据技术提供数据支持

当前所构建的旅游供应链为旅游管理工作提供的数据类型较为复杂，大数据在旅游管理中的应用主要分为结构化数据应用和非结构化数据应用。结构化数据应用主要是依据现有的数据开展整理工作，将数据内容直接储存到数据库中，在丰富核心管理系统的同时，对数据内容进行分析；非结构化数据主要指通过不同类型的数据格式，制订出合理的旅游管理方案，一般情况下，数据储存分为文件、图表、音频等多种形式，在进行旅游活动设计的过程中，其能够自主地对数据内容进行挖掘和分析，促进我国旅游业稳定发展，迎合大众的实际发展需求，推动旅游经济的不断增长。

### （二）大数据技术优化旅游策略

结合现有的数据内容，对用户的实际需求进行分析，为用户设计出理想的旅游路线，打造出具有针对性的旅游方案。旅游业具有季节性的发展特点，需要通过大数据技术的有效应用，对旅游业的未来发展趋势作出适当的评估，从而有效降低旅游业的投资风险。管理者还可以应用数据内容，对现有的旅游方案进行优化，通过数据模拟推断出该方案在运行后可能引发的各种情况，并结合市场调研和实际数据进行分析，以降低旅游管理工作出现问题的可能性，促进旅游业的有序发展。

### （三）大数据技术助力旅游营销

目前，大数据技术已经逐渐被应用到我国旅游业的各个管理部门中，通过对大数据内容的详细分析，相关部门能够充分了解到景区的实际经营情况，并做好相关基础设施建设，为游客提供更优质的旅游体验。大数据技术的应用需要相关人员对数据信息进行分类整理，从而形成巨大的数据网络信息资源库。相关部门可以结合库中的信息内容，了解旅游市场的行业发展需求，从而分析整个旅游市场的未来发展趋势。

## 三、大数据技术的应用对旅游管理的影响

大数据技术在旅游管理过程中的有效应用全面提高了旅游业的整体服务质量，优化了旅游业的经营管理模式。结合大数据对旅游业信息数据进行全面分析，通过网络建模的方式得出科学的旅游业发展评估报告，从而有效满足用户的个性化需求，全面提高旅游业的服务水平。通过采集和分析旅游信息数据，对当前的公共服务景区进行相应的科学化管理，从而掌握游客的实际需求，及时为游客提供有针对性的产品。

# 第四节　新媒体与旅游管理

新媒体的出现极大地丰富了人们的生活，它突出的特点就是可以将科学和媒体完美融合。旅游管理和新媒体结合在一起，必然会提高旅游管理的效果，进而促进旅游业的可持续发展。

## 一、新媒体的特点

新媒体以各个终端为基础，在各个终端中进行广泛的信息传播。新媒体

技术为旅游管理和旅游产业提供了一个开放的交流平台，新媒体的特点包括以下两个方面。

### （一）技术层面的先进性

新媒体具有技术层面的先进性，这主要体现在以下两个方面：一方面，新媒体本身就是在信息技术和计算机技术的基础上形成的，作为高科技的代表，具有先进性；另一方面，新媒体的应用平台是虚拟的，人们通过该平台进行信息传输，从而获得自己想要的服务。例如，某旅行网站作为一个开放的网络服务平台，可将用户与商家联系在一起。用户通过线上交易的方式就能完成景点门票预订与酒店预订，商家也可通过在平台发布相关信息来提高知名度，以获得更多的经济利益。

### （二）信息传输的时效性

传统媒体主要包括电视、杂志、报纸、广播等，人们在固定时间内会获得消息，但如果不购买杂志或者报纸，没有时间收听广播或收看电视，人们就不会得到消息。传统媒体不具有时效性，而新媒体则不同，它最大的优势就是具有时效性，在旅游产业中，人们可以利用其时效性促进旅游产业的发展。例如，某个地方的景色特别美，当地的居民将照片发在微博或者其他网络平台上，以吸引游客前来观赏。

## 二、新媒体在旅游管理中的应用

### （一）推动旅游品牌建设

要想促进旅游产业经济的发展，就要通过一系列的旅游品牌吸引大众的注意。旅游管理包含诸多内容，其中最重要、最根本的就是建设旅游品牌。新媒体传播速度快的特点可以拓宽旅游品牌宣传的区域，以此吸引人们来参观体验，进而大幅度提高旅游企业的收益。此外，新媒体吸取了很多旅游产品的信息，旅游产品可以根据自身实际情况来打造符合当代人需要的旅游品牌。

## （二）提高旅游景区服务的先进性

提供服务，即当游客出现问题时及时给予帮助，这是旅游景区最核心、最基础的工作。因此，景区应运用新媒体来增加服务形式，提高服务水平。具体方式有以下几种：开通微信购票服务，不仅可以节省游客排队购票的时间，大大提高旅游业的服务效率，而且还能保证交易过程的安全性；创建旅游景区官方微博，不断发布景区相关的内容吸引网友的注意；建立官方网站，将景点的动画、图片上传到官方网站，配上一定的讲解，并制作二维码，游客可以通过扫描二维码了解景区信息。

## （三）提升旅游产业的信息互通性

不同的景区有不同的新媒体传播模式，旅游企业应针对实际情况制订宣传方案。新媒体最大的作用就是提升了信息沟通和信息互换的速度，旅游企业可以通过新媒体平台交流不同区域的管理特点和管理经验，这在一定程度上促进了每个景点之间的交流，使各个景区间的管理形成了良性循环，促进了旅游产业管理的发展。

## （四）构建旅游服务反馈体系

旅游产业应在建立新媒体平台的基础上创建旅游服务反馈体系，服务反馈体系主要处理游客在旅游期间出现的问题。旅游服务反馈体系主要由采集问题和制订解决方案两个部分组成，采集问题是指把游客的问题或是不满意之处加以收集并交给旅游管理人员，制订解决方案是指旅游管理人员根据游客的问题找到相应的解决办法，并在新媒体平台上进行发布，同时跟踪用户的反馈信息。

## （五）提高游客的舒适感

景区的服务水平代表着旅游产业的管理水平，只有提高景区服务水平，才能提高旅游产业的管理水平。随着时代的发展，人们在参观景区的同时也希望能够享受到更好的服务，新媒体平台可以提升旅游服务的水平，为游客提供更加舒适的服务。新媒体平台可以构建旅游服务反馈体系，进而提高景区的服务水平。游客可以通过服务反馈体系寻求帮助或提出建议，平台管理人员也能够及时知晓和解决游客的问题，这在很大程度上提高了游客出游的舒适感，降低了游客的焦虑感。同时，旅游服务反馈体系还能在一定程度上对平台管理人员进行监督。

## 第五节　区块链与旅游管理

针对传统旅游业因信息不对称、中介组织多、个人信息不安全而导致的信任危机，可以利用区块链的去中心化、多节点性、不可篡改性、可溯源性、安全性等优势，新建联盟区块链旅游信任机制，对构建智能旅游合约、促进智慧旅游管理、保护游客个人隐私、降低旅游交易成本、提升旅游服务体验等都具有重要作用。但区块链技术尚未成熟，在旅游管理应用中还面临着技术、管理、法律等方面的现实挑战。

### 一、区块链的定义与特点

#### （一）区块链的定义

区块链的提出者中本聪（Satoshi Nakamoto）认为，区块链是用于记录比特币交易账目历史的底层数据结构。区块链技术是利用块链式数据结构验证和存储数据，利用分布式节点共识算法生成和更新数据，利用由自动化脚本代码组成的智能合约来编程和操作数据的一种全新的分布式基础架构与计算方式。

#### （二）区块链的特点

目前，学术界普遍认为区块链具有以下四个基本特征：一是去中心化。区块链技术本质上就是一个去中心化的数据库，中心化通俗来说就是需要中介来组织参与，如当前的电子交易大多需要以银行为中介，而区块链技术则不需要这样的中介。区块链数据的存储、传输、验证等过程均基于分布式的系统结构，在区块链网络结构中，点与点之间的地位相等，彼此之间进行数据传输时不需要任何中介，整个系统处于完全去中心化的状态之中。二是开放性。开放即任何人都可以自由加入，区块链的整个系统是高度透明的，并且是点对点的交易系统，交易所形成的每一条数据都会被自动保存于区块数据中，任何一个节点都可以对这些数据加以使用，保障了数据的开放透明。三是不可篡改性。作为一种分布式记账机制，区块链系统中多个节点同时记账、自动保存，对这些数据进行修改需要通过众多节点的审核，可以避免人为篡改节点数据，保证数据的安全性。四是自治性。区块链技术是一种点对点的传输系统，系统中各节点之间地位相等，每个节点都可以在整个技术规则下进行数据交流与共享。

## 二、区块链应用于旅游管理面临的机遇

### （一）构建区块链旅游信用体系

区块链技术天生具有构建信任体系的优势，因具有时间戳特点，数据更新需要特定数量节点的认可，具有难以篡改性；另外，区块链的去中心化特征可以降低恶意节点操纵和伪造信息的概率，提高数据的真实性。相关部门可以利用区块链技术构建旅游信用体系，采用无法篡改和具有时间戳信息的分布式数据库，增强旅游业市场信息的真实性；还可以利用区块链技术的去中心化、可溯源性、不可篡改性等技术优势，解决旅游市场虚假广告、不合理低价游、虚假好评、虚假订单、恶意删差评等问题。

借助区块链技术的优势，将游客、政府监管部门、旅行社、批发商等相关旅游企业和群体都纳入联盟链（即基于星际文件系统构建旅游区块）进行管理，并在此基础上利用区块链令牌（Token）搭建涵盖旅游服务商、旅游景点、游客和旅游监管部门区块链电子身份的信用体系框架。

### （二）创新旅游监管模式

区块链技术具有去中心化和不可篡改的优势，区块中每个节点的权利、义务对等，并且可以按照区块链的类型达成共识机制，因此，其天生具有管理民主和自治的基因。相关部门可以利用区块链技术构建旅游业电子服务平台，充分发挥共识机制和信任机制的约束、监督作用，将旅游业中的利益相关者作为参与主体，包括政府监管部门、旅游企业、旅游中介平台、导游、志愿者、媒体和游客等，每种参与主体的权利和义务都是对等的。例如，游客既是消费者，又是服务的真正评价者和监督者。同时，区块链数据具有时间戳和不可篡改性，因此可以实现旅游服务评价的真实性。

应用区块链和大数据等新技术手段，旅游监管部门可以创新旅游市场监管模式，通过区块数据平台的真实数据，更精准地识别和治理旅游消费市场的虚假合同、阴阳合同、隐性消费、不合理低价游、强制购物、欺客、宰客等不诚信问题。旅游监管部门还可以利用区块链的优势，构建旅游业征信系统，解决旅游业征信信息不对称、数据采集渠道受限、数据隐私保护不力等问题。

### （三）打造旅游智能合约

区块链智能合约是区块链技术应用的一个热点，在金融领域和政府司法部门的应用已初见成效。智能合约是一种计算机协议，旨在以数字方式促进、验证合同的谈判、执行。智能合约允许在没有第三方的情况下执行可信的交易流程，这些交易可记录、可追踪，且不可逆。区块链通过智能合约构建保障数据存储、读取、执行的程序，使整个过程可被跟踪、不可篡改、触发自动执行。智能合约应用于管理的最大优势是以程序执行代替人力执行，并且在执行过程中能够实现所有数据的可追踪。

区块链智能合约因其数据透明性、不可篡改性、永久运行性等技术特性而备受关注。智能合约在旅游服务应用中有广阔的前景，其将区块链中的智能合约技术应用于旅游服务合同电子化签订和执行，具有三个突出优势：一是可以确保交易双方信息的真实性，通过智能合约规范交易记录和交易信息；二是能够按照事先约定的服务条款，通过计算机程序条件触发自动执行合同程序，用程序执行合同代替人执行合同，避免了旅游合同执行中的蓄意违约问题；三是解决“信用痛点”问题，消费付款资金先期将被锁定在合约中，直到双方确认服务满足合约要求，并确认服务结束后资金才会被转入对方账户，以确保旅游合同交易双方的利益，解决传统旅游合约中先付款而旅游服务得不到保证的问题。

采用区块链技术实现旅游智能合约，既可以提高旅游合约执行的效率，还可以降低合约执行过程中的监督成本，减少和规避违约产生的信用风险问题，净化旅游业市场环境。智能合约技术可以被应用于旅游合同的全过程，其不仅能覆盖交易达成、行程安排、买门票、订酒店、订餐饮等环节，还能支持履约付款、投诉、争议解决、保险理赔等环节。

### （四）保障个人信息安全

旅游服务的跨地域性和流程环节的复杂性导致旅游中介组织繁多，也增加了旅游服务的交易成本，这些交易成本无疑增加了消费者的旅游成本。旅游服务订单经常面临被多次转手的问题，不仅加大了违约风险，还增加了游客信息流转的问题，也就加大了游客个人信息泄露的风险。

对于保护个人信息安全问题，区块链具有强大的技术优势。区块链具有去中心化特点，没有任何第三方中介，这一特点在旅游业中表现为去掉中间代理商，实现点对点的直接对接。其具体技术优势主要有以下四个方面：一是交易点对点的对接减少了中间环节，也就减少了交易信息流转的次数，因此可以降低游客个人信息被泄露和被买卖的风险。二是区块链采用非对称加密技术，使用一对互相匹配的密钥，其中公钥是公开的，私钥是保密的，参与双方需匹配公钥或私钥才能录入和查看数据。因此，区块链数据加密难以被破解和篡改，保证了数据和个人信息的安全性。三是区块链技术采用分布式账本技术，以实现全网共享。参与记账的各方主体通过同步协调机制共享信息，同时保证数据的不可篡改性和一致性，避免了复杂的多方对账过程，减少了信息录入和流转的次数，降低了个人信息被泄露的风险。四是区块链数据具有时间戳，区块链平台可以记录数据访问和使用行为，追溯数据使用的主体和行为，能精准确定信息泄露者和科学认定的个人泄露信息行为，从而营造良好的个人信息保护生态环境。

### （五）实现智慧旅游服务，提升旅游服务体验

智慧旅游即智能旅游，指利用区块链、大数据、云计算、人工智能等新技术，通过激励旅游产业管理创新、提高旅游管理效率，最终实现提升消费者旅游服务水平和旅游体验的目标。区块链技术之所以对实现智慧旅游有明显优势，是因为区块链具有与人工智能和大数据融合的特征，它能辅助人工智能、大数据提高旅游数据质量，从而进一步提高旅游项目的可信度，保护游客数据。区块链技术可以融合大数据、人工智能、物联网、虚拟现实等新技术，实现智能导游、电子讲解、实时信息推送，同时还可以完善咨询、导航、导购、分享、评价、投诉等智能化旅游服务系统建设。

2019 年 10 月，习近平总书记在中央政治局第十八次集体学习时强调，“要把区块链作为核心技术自主创新的重要突破口，明确主攻方向，加大投入力度，着力攻克一批关键核心技术，加快推动区块链技术和产业创新发展”。

## 三、区块链应用于旅游管理面临的挑战

区块链是一种综合技术方案，其涉及信任机制和共识机制的构建，会触动原有管理体系结构格局的调整。因此，“区块链＋旅游管理”会面临技术、管理、法律、经济和观念的挑战。

### （一）技术风险的挑战

区块链作为一种多学科交叉技术，涉及密码、分布式系统、大数据技术、计算机网络技术等，很多应用场景尚处于探索阶段，技术生态系统尚未形成。因此，“区块链＋旅游管理”会面临以下技术风险：一是区块链技术数据不可删除。一些旅游景点或旅游企业一旦存在不良行为的记录，便很难被删除，不利于企业长期持续发展，需要在区块链数据架构中设置信用补救机制。二

是区块链技术数据长期保存难题。区块链平台数据量庞大，如何保存并管理这些数据，学术界需要在区块链技术应用可行性研究和架构中进行探索和创新，这也是“区块链＋旅游管理”面临的最大的技术挑战。笔者认为，可通过将区块链技术和云计算技术相融合的方式来对其进行解决。

### （二）管理方面的挑战

将区块链技术应用于旅游管理会带来新的挑战，具体来看，这种挑战体现在企业与政府两个层面。在区块链技术快速发展的背景下，企业之间的关系由市场调节和自治关系逐渐转化为共治网络关系，这就需要构建企业共治网络生态环境。区块链技术应用于旅游管理会带来两个方面的挑战：从企业关系管理来看存在企业协同治理的挑战，区块链技术方案可以说是基于共治理论形成共识机制、构建企业共治的网络生态环境的，这就要求企业具有共享理念，遵守共识机制，这对目前旅游业企业各自独立的现状来讲无疑是一大挑战。从政府旅游监管的角度来看，区块链技术与旅游管理的融合势必需要发挥政府的宏观调控职能。区块链平台模式具有去中心化特点，而政府的监管通常是自上而下的层级结构，其往往具有明确的中心职能，因此对政府的组织结构势必构成挑战。

### （三）法律制度的挑战

区块链技术可以通过信任系统实现信息共享和使用，从而消除旅游业中信息不对称的问题，构建旅游业的信任和共识机制。区块链无论在技术体系方面还是在管理体系方面仍处于探索阶段，缺少与之配套的法律法规和行业应用标准，盲目发展“区块链＋旅游管理”会陷入危机，从而违背了将区块链技术运用于旅游产业管理的初衷。因此，相关部门需要尽快研究和制定区块链旅游业的应用标准和法律法规。政府作为旅游业的宏观调控管理者和监管者，需要承担“区块链＋旅游管理”的法律法规建设重任，各旅游企业和区块链技术服务企业也要积极参与行业技术标准的制定。政府和企业可以从具体应用场景的实践出发，构建“区块链＋旅游管理”的行业应用标准和法律法规，逐步形成行业适应性高、较为完善的行业应用标准和法律法规。

### （四）经济基础的挑战

将区块链技术应用于旅游管理，与现有的信息化应用一样需要建设相关的基础设施。无论是构建共识机制还是信任机制，都需要巨大的经济投入，单靠一个企业的力量是难以完成的。虽然兴起的区块链旅游联盟第三方平台模式优良，但旅游企业和景点加盟平台依然需要承担高额的成本。

首先，旅游企业要考虑成本和收益问题。旅游企业要根据自身经营实力和市场经营状况，权衡是否应用区块链技术，是否能够承担区块链建设的投入成本。区块链应用可以优化和提升服务水平，同时也可以提高旅游企业的信用度和美誉度，开拓和扩大游客市场。区块链基础设施建设是耗资较大的，仅靠旅游企业是无力承担的，信息技术基础设施具有公共性，需要政府的统筹规划和引导，并对其进行布局和推进。其次，存在“信息孤岛”和“数字鸿沟”等问题。区块链技术体系是“块”数据的集合，但是由于各节点单元基础设施和管理水平的不同，因此该技术体系也会产生“信息孤岛”的问题，从而影响各节点数据的质量、共识和共享，进而影响信任机制的实现程度。

### （五）观念的挑战

科学技术转化为现实生产力，不仅需要相关技术、经济、制度、管理的支持，还需要相关企业或组织转变观念。“区块链＋旅游管理”的发展将分布式账本、共识机制、信任机制、职能合约等技术方案应用于旅游管理领域，无论是旅游企业、旅游景点，还是中介组织，都需要转变原有观念，如摈弃欺客、宰客等行为和“一锤子买卖”的观念，树立区块链所倡导的合作、共识、信任、安全、服务理念，保护游客隐私，构建规范、合作、诚信的旅游新生态环境，发挥区块链优势，实现智慧旅游，建设美丽祖国。

# 第六节　休闲农业与旅游管理

随着国家的发展和农村经济的进步，现代农业与乡村旅游的结合已经成为现代农业、旅游业发展的新模式。这种新模式在形成和发展的过程中也会遇到一系列问题，本节从旅游管理的角度来探讨休闲农业与乡村旅游的新型经营模式。

现代农业的发展需要创新与改变，休闲农业与乡村旅游二者的结合正是新时代下现代农业发展的新趋势。这种新的模式给我国农业发展和旅游业创造出了极大的上升空间。我国不仅土地辽阔，而且资源丰富，有着发展休闲农业与乡村旅游的先天条件，所以休闲农业与乡村旅游的结合受到了社会的广泛关注，从乡村经济发展的角度来看，这一发展模式更是促进了当地经济的发展。

## 一、科学规划，合理布局

休闲农业与乡村旅游要实现可持续发展，势必要做到科学规划和合理布局。可持续发展的根本是立足于当地的自然条件，因地制宜，发挥当地的资源优势，实现人与自然和谐相处。旅游项目的开发与整合要科学、严谨，能够经得起论证与考验，不应以短期营收为目标，而是要放眼乡村农业的长远发展。休闲农业与乡村旅游要能够实现经济效益与环境效益的双赢。

## 二、忠于特色，彰显文化

在休闲农业与乡村旅游结合的过程中，要忠于当地的项目特色，彰显文化内涵。在旅游项目的开发过程中，要忠于当地的原始资源和文化，并对其本身蕴含的文化进行深入挖掘，以突显当地旅游项目的特色与活力。忠于当地特色的项目开发是成功的首要条件，脱离当地的自然特色和文化风俗项目的开发也许会获得一时的成功，但从长远角度来看，无疑是失败的。

### 三、健全机制，规范管理

休闲农业与乡村旅游的发展离不开当地政府的支持与管理。因此，摆正政府在休闲农业与乡村旅游发展过程中的位置，加强政府的干预和管理是十分必要的。政府在干预的过程中不仅要大力支持，给予相对开明的政策，而且要制定相关的法律规范，确保政策的实施能够有的放矢，如对当地资源进行保护，防止坑客、宰客现象的发生。

### 四、突出品牌，打造精品

随着消费者对精神文化的追求不断提高，其品牌意识也不断增强。因此，休闲农业与乡村旅游的发展也要走品牌之路并锻造精品。乡村旅游项目的开发就是以当地的自然环境和民俗文化为依托的，而这也成了乡村旅游的主要竞争力。只有既满足不同消费者的旅游需求，又充分结合当地的自然文化特点，才能打造当地的旅游品牌。乡村旅游的自然风光是游客的关注点之一，而文化底蕴则是游客对当地旅游品牌产生深刻印象的前提。旅游项目的开发者要想打造旅游精品，就应既要深入挖掘当地的文化底蕴，也要与时代的需求相结合，创造出令人身心愉悦、和谐健康的旅游环境。

## 第七节　智慧城市中的旅游管理

智慧城市理念为城市旅游业提供了新的管理理念，下面我们就从智慧城市的角度入手，来探讨当前城市旅游管理中的问题，为旅游管理及智慧城市的旅游业发展提供参考。

随着经济的高速发展，人口的城市化趋势更加明显，环境污染、人口拥挤及就业困难等城市问题也更加突出。在此背景下，人们提出了智慧城市的概念，同时，智慧旅游和智慧景区等概念也应运而生。许多景区及旅游城市在投入智慧旅游及智慧城市建设后，其发展均取得了明显的成效。在数字化技术的发展及应用下，我国许多 4A 级及以上等级的景区都已经投入到建设智慧景区的工作中。尽管如此，我国的智慧景区建设工作仍然处于低级阶段，其管理机制的传统化制约了智慧景区的发展及普及，许多景区只是在景区管理，如调度系统、电子营销和监测系统等方面较为重视其智慧化，而在网上预订、游客体验和智能游览等方面则未能引起足够的重视，缺乏必要的对策。

## 一、智慧城市中旅游管理的现状及存在的问题

当前，我国旅游城市尤其是古城性质的旅游城市都已基本形成规模，且形成了各种管理模式。在这些管理模式下，出现了许多文化空心化、矛盾复杂化、产品同质化和过度商业化等问题。旅游城市在不断完善基础设施建设的过程中，其接待游客的数量也在不断攀升，进而使城市的负载过重，给景区的文物保护及管理工作带来难度；景区管理人员不足、游客满意度及体验度显著下降等问题也逐渐突出，具体体现在以下三个方面。

### （一）逃票、失信及不文明行为问题突出

我国许多旅游城市都实行了门票制度，且随着经济及社会的发展，门票价格不断上涨。尽管各景区都在各个入口处设置了售票和专人检票区域，但由于执行力度不够，效果并不理想。相关数据显示，有些旅游城市的景区的逃票人数惊人，数量甚至占买票人数的三成。这主要是因为景区实行的多是人工检票制度，不但极易因检票人员不认真而造成疏漏，而且人工检票效率也并不高。同时，许多旅游城市的景区对当地人实行半价票或免票制度，导致一部分当地人趁机进行非法拉客，带着游客逃票。上述现象都反映了旅游景区监管不严或监管力度不够等问题。

### （二）景区客流量超载问题突出

据相关数据显示，我国景区的客流量超载现象非常普遍，特别是一些热门的景点，在法定节假日景区客流量超载的问题更加突出。有些景区每日接待游客量达数万甚至十几万，景区客流量严重超载，致使游客怨声载道。还有一些自驾游的游客也经常抱怨停车难的问题。这些都给景区管理带来了极大的影响，并直接关系到景区管理水平及服务水平的高低。

### （三）旅游产品未能充分开发及服务质量差

我国许多景区的旅游资源未能得到充分开发，特别是民俗文化类的旅游产品种类普遍较为单一，且雷同现象极为严重，同质化问题极为突出，缺乏对产品的创新。如许多景区都设置了演出类节目，但这些节目的内容大同小异，没有突出景区的自身特色。同时，在一些民俗文化产品的开发中还存在品位低俗的问题，文化产品缺乏竞争力，游客难以从中获得良好的风俗民情体验，从而使该景区的吸引力下降，游客的重游率更无从谈起。此外，许多景区的纪念品假货现象极为严重，而景区及当地相关监管部门对此未能重视，导致景区总体服务质量较差。

## 二、强化智慧城市中旅游管理的对策

### （一）试行智能识别出入、门禁查询系统，完善信用体系

景区门票管理中，可以利用一卡通来代替门票，构建景区门禁系统，实行全城景区一卡通和一卡通年票制度，游客进出景区时需刷卡。如果对当地人推行免票制度，则要通过智能识别系统来进行鉴别，且门禁系统中应专设一条供当地人出入的特别通道。同时，政府相关部门也应尝试构建信用机制和积分制，如政府可对在该景区信用好的游客加相应的积分，对不文明、不诚信者则要扣除其积分，当在该景区积分达到一定数额时，游客可以免费再次进入景区，或者同兄弟景区联合，当游客在该景区积分达到一定数额后可免费获得其他景区的门票等。

## （二）构建网上购票机制及车位预定系统

传统的现场购票不仅效率低，工作量大，而且容易出现逃票现象。为此，景区应充分利用现代网络及通信技术，构建网上订票系统，实行网上门票预订制度，从而及时有效地控制客流量。按照城市及景区环境的容量来确定每日可接待的游客数量，同时利用网上订票系统向游客实时反馈可售票数和剩余票数，以免出现景区内游客超载的现象。

此外，对于景区的停车问题，相关景区应通过网络车位预定系统向游客实时反馈停车场数量及停车位数量。景区应在景区及城市自驾游、自助游数量统计的基础上，对停车需求进行预判，并在停车位预定系统上及时反馈停车场车位数及空位数，使游客能够及时了解该景区停车位的变化，从而调整出游计划或出游时间，进而能够间接地对城市的游客接待量进行合理控制。

## （三）构建智能平台，有针对性地开发民俗旅游项目

景区要想通过构建智能平台来开发旅游城市文化产品，实现导游导购，显著提升旅游城市及景区的服务质量，就需要不断优化旅游的市场秩序，不断深挖景区文化，创新文化产品，并不断提高自身的服务水平。景区应充分利用微信、微博、网站、论坛等新媒体传播平台，研发自己的智能软件，并通过知名下载平台进行推广。此外，景区还可构建智慧管理系统，以提升管理效率，降低管理的人力成本。

同时，景区应根据当地的特色及风俗有针对性地开发民俗旅游项目，如开发当地具有民俗特点的特色饮食文化、歌舞文化和节日文化等。特别是西南地区的景区，其民族民俗文化极为丰富且极具特色，如少数民族的服饰、舞蹈及歌谣等，都能给游客留下深刻的印象。此外，景区还应对旅游资源及文化产品进行深度挖掘，将旅游纪念品、工艺品、衍生品等同其特点紧密结合起来，以打造出极具当地特色的文化旅游品牌产品。

## （四）充分利用大数据进行智慧管理，实行人性化的旅游服务

智慧管理系统是指利用大数据及云平台对景区附近的住宿、餐饮、娱乐

等版块构建出统一的智慧景区旅游平台，并进行整合和统一管理，以形成旅游的智慧生态圈，并利用此平台为相关供应商带来大量流量，帮助其进行营销，进而拉动整个城市及整个行业的旅游经济。

此外，景区应建立统一的综合性的服务公众号和门户网站等系统，并涵盖整个城市的景点、民俗、故居、古居、周边旅游、购物、娱乐、住宿、饮食等，使游客在旅游前能够智能定制行程，进行虚拟体验，在旅游期间能够实现导航、导游、导览、导购，在旅游结束后可以进行旅游分享、互动和评价等。

上述对策的实施离不开全城旅游智能化的指挥系统或视频指挥中心，这是因为城市景区资源配置差异较大，分布区域相对较广，尤其是在小长假及黄金周等旅游高峰期，城市更应构建全城旅游智能化指挥系统，并利用信息化技术来应对各种安全隐患，全面、高效、智能地进行旅游管理，进而提高整个城市的应急能力和处理突发事件的能力。

# 第三章 旅游管理模式研究

## 第一节 旅游景区经营管理新模式

随着人们精神需求的不断增长，旅游在经济发展中的重要性日益凸显。但是，我们必须清醒地认识到当前旅游景区管理经营中存在的诸多问题。虽然我国早已步入市场经济时代，但是大多数景区依然实行计划经济的方式，依赖国家的财政拨款进行旅游开发。这种模式虽然对旅游景区的效益起到了一定的保护作用，但是容易导致政府和企业之间职责混淆，出现工作效率低下、机构人员冗杂等问题，不利于旅游景区经营管理的进一步发展。因此，在当前旅游景区经营管理模式改革的背景下，必须充分发挥市场的调节作用，促进旅游景区经营管理模式的创新。

### 一、我国旅游景区经营管理的新模式

#### （一）国家直接经营管理模式

国家直接经营管理就是国家充分发挥管理作用，集所有权与经营权于一体，景区门票价格由国家自主定价，所获得的收入纳入国家税收，从而促进相关公共服务行业的发展。这种管理模式可以对景区资源起到保护作用，能够充分实现人民群众的利益，促进旅游景区的可持续发展。但是从长远来看，这种管理模式也存在一定的问题。虽然国家在旅游景区资源整合方面具有巨大的优势，但是政府部门工作模式固定，这会使旅游景区的经营管理效

率低下，难以及时应对市场的变化，无法促进旅游景区经营管理质量的进一步提高，从而阻碍旅游景区的发展。但是对于一些重点的旅游景区，如森林公园和文物保护区等公益性景区，通过实行国家管理的模式，可以严格控制景区的过度开发，切实保护公共利益不受损害，从而实现旅游景区的可持续发展。

### （二）市场化经营管理模式

市场化经营管理就是对企业进行经营权制度改革，使其获得更好的经营自主权，从而充分融入市场竞争中去。实现旅游景区的经营权和所有权分离，可以充分调动相关企业的积极性，促进旅游景区管理效率的提高。当前市场化改革主要有两个方向：一是吸引社会资本介入景区经营权，实现投资主体的多元化；二是进行独资的垄断经营，实现一家企业统筹管理的模式。近年来，随着市场化进程的加快，很多旅游景区进行所有权拍卖，积极推动景区经营管理模式的创新。由于企业在旅游景区发展的过程中盲目追求经济效益，过度开发景区，导致景区的生态环境遭到极大破坏，文化价值大大降低，这不利于旅游景区的长期发展。在进行市场化改革的过程中，相关企业必须充分考虑旅游景区的环境效益，景区的开发必须以可持续发展为目标，实现经济效益和社会效益并重，完全的市场化经营管理模式必将给公众的利益带来损失，不利于旅游景区的健康发展。因此，在旅游景区的市场化改革过程中，政府部门必须完善相关法规制度，促进景区的可持续发展。

### （三）公益性经营管理模式

“零门票”的公益旅游管理模式正逐渐受到人们的广泛关注。“零门票”的公益旅游观念打破了传统的“唯利是图”的旅游经营管理模式，通过景区独特的文化、艺术内涵吸引消费者，充分体现旅游景区的人文精神，推动旅游业的健康发展。只有建立在独特的历史文化基础上的旅游景区，才能在当今市场竞争中立于不败之地。

## 二、我国旅游景区经营管理模式创新的对策

### （一）突破传统思维的局限

为了促进我国旅游景区经营管理模式的创新，相关企业必须从思想观念上进行革新，树立旅游产业“大市场、大产业”的观念，以改变旅游景区“靠山吃山、靠水吃水”的传统思想，充分推进景区资源的开发。当前，旅游景区在急功近利思想的影响下，开发范围较小，没有形成大规模的一体化旅游项目。对景区资源进行全面合理的开发，是促进景区经济效益提升和实现可持续发展的重要内容。旅游景区管理企业要转变观念，在创新的过程中突出品牌特色和影响力，大力发挥当地文化的积极作用，从而形成当地的旅游特色，增加旅游景区的文化内涵。在管理过程中，景区要做到绿色经营，美化景区的环境，提高景区的后勤服务质量，坚持自然环境和人文关怀相结合的理念，提高游客的满意程度。此外，旅游产品的销售要切实把握市场动态，突出产品的卖点，通过极富创意的产品包装，吸引游客的注意力，提升旅游产品的文化内涵，充分反映地方的特色。在旅游景区的经营管理过程中，相关人员必须树立品牌意识，进行旅游市场的精准定位，减少同类旅游产品的重复性，突出本地旅游产品的独特性，从而吸引消费者，提高景区的经济效益。

### （二）实现经营权与所有权分离

随着旅游景区经营体制改革的进一步深入，我国旅游景区必将充分融入市场竞争中去，实现经营权和所有权的分离，进而提高旅游景区的经营管理效率，促进景区进一步发展。对旅游景区进行市场化改革的关键就是把经营权下放给企业，使企业获得更好的经营自主权。旅游景区的市场化经营主要是通过政府出让经营权的方式来进行。通常来说，我国政府一般采取租赁经营、委托购买以及拍卖的方式进行市场化改革，但是相关过程并没有制度和规范的约束，缺乏统一的标准，各地在实施过程中自主性极强，因此带来了很多问题，阻碍了旅游景区的市场化进程。

在旅游景区出让经营权的过程中，往往会出现政府权力受阻以及相关企业景区开发过度等问题，造成景区资源的极大浪费。随着我国积极“入世”，旅游景区可以通过引进外资的方式，实现经营权的转让，这对我国旅游景区的管理体制创新提出了更高的要求。因此，相关部门必须加快旅游景区所有权和经营权的分离进程，加强对景区运营管理的监督，从而使得景区按照规范进行合理开发。

### （三）加强政府与企业的合作

旅游管理涉及很多部门和行业，是一个复杂的系统性工程，光靠企业进行自身调整往往捉襟见肘，因此政府必须加强对企业的宏观调控，及时解决旅游景区开发过程中出现的问题，切实实现旅游景区的可持续发展。相关部门必须意识到旅游景区开发的重要性，并通过目标绩效考核制度进行责任划分。此外，政府应积极推进与融资企业的合作，推动旅游景区市场的多元化和经营管理的企业化。旅游景区应在保障国家景区所有权的基础上，广泛吸收社会资本，从而实现其所有制管理结构的合理化。

由于受当前计划经济管理模式的影响，我国旅游经营管理中存在着许多问题。因此，相关企业应积极探索旅游景区经营管理模式的创新，在充分开发旅游景区资源的基础上，提升经营管理效率，从而促进我国旅游业的发展。

## 第二节　网络环境下旅游业的财务管理模式

要想在当前旅游业的竞争日益激烈的经济环境下找到突破口，实现旅游经济的快速发展，创新旅游业的财务管理模式将是重要保证。为了满足人民群众的精神文化需求，凸显旅游业的个性化服务，旅游业正顺应时代发展的趋势，不断创新发展。在此背景下，旅游业的财务管理模式也应紧跟信息化潮流，建立与财务检查相关的管理机制，建设高素质的财务管理人才队伍，实现财务管理服务的快速优化。本节针对当前旅游业财务管理模式的发展历程及创新途径进行探究，以尝试解决在网络环境下，旅游业在高速度、高质量发展过程中所面临的一些问题。

## 一、旅游业财务管理模式的发展历程

### （一）传统旅游业的财务管理模式

旅游业的财务管理和运行机制是影响旅游业经济发展的重要因素。旅游业的财务管理涉及游客的饮食、住宿、交通、娱乐、购物、游玩六个重要环节。而旅游业的财务管理指的就是旅游业为实现自己的经营目标，进行行业财务活动和财务关系的管理。传统旅游业主要是线下景区旅游，主要是通过园区门口售票的方式，实现经济收益。但是，当时很多园区的管理者并不具备商业意识，而且很多景区都是免费参观的，即便是收费景区，管理效果也并不理想。

### （二）现代旅游业的财务管理模式

近年来，我国人民生活水平有了显著提高，这给我国旅游业带来了巨大的发展机遇，也给旅游业的财务管理带来了挑战。而现代旅游业的财务管理模式还存在着诸多问题。很多企业拥有自己的一套财务管理制度，但是由于更新不及时，导致其制度不能满足旅游业的发展需要。尤其是在网络系统日益发达的现代社会，旅游业不断由传统向现代转型，其内部的财务管理模式也必然要更新。

### （三）基于网络环境完成转型的财务管理模式

目前，互联网技术日益精进，“互联网＋”模式不断发展，旅游业要想在此背景下取得长足发展，就必须将网络与旅游相结合，走现代信息化发展道路。旅游业要及时调整财务管理模式，创新管理理念，利用好网络平台和新媒体的优势，不断满足“互联网＋”背景下人们对旅游业管理、服务的要求，针对不同用户提供更加个性化的定制服务，从而推动文化、旅游双向发展。旅游业的信息管理也不再依靠口口相传，而是通过互联网平台进行宣传，游客可以在网上提前了解各景区的旅游项目、门票价格、食宿情况，从而选择更加合适的旅游方案。

## 二、当前旅游业财务管理模式的问题

### （一）财务检查工作不到位

在旅游管理中，财务管理由于其工作内容存在比其他岗位更难以避免的漏洞，因此必须要加强核实财务的检查工作。而在目前的管理模式下，财务检查工作没有做到精准落实的原因往往在于责任归属、经济秩序、资金占用、外汇管理、财务权限等诸多问题还未解决。旅游业的经济收益同样在于收入减去支出，在收入总量要提高的情况下还要控制支出。旅游业的经费支出主要是内部业务活动、会议准备、日常办公费用、员工工资、保障支出等，相关人员如果不能做好详细的规划，有效监督这些支出，那么这些漏洞将会不断变大，进而影响整个行业的经济收益。

### （二）财务人员素质有待提高

财务人员传统的财务管理观念主要表现为：第一，对于互联网重视程度不够，思想保守，观念陈旧，财务管理技术含量低，故难以保障旅游经济的长足发展。第二，由于财务人员年龄偏大，对于新技术、新发展的接纳和吸收程度不高，创新能力不足，对于财务运作还采用传统的处理方式，以传统核算为主，管理缺乏系统性，缺乏持续发展的动力。第三，工资水平对财务人员的吸引力不足。众所周知，东部是我国经济发展的中心，基础设施相对健全，经济发展程度较高，工资水平也较高，而西北地区由于交通较闭塞，经济发展缓慢，基础设施不够健全，总体工资水平较低，对人才的吸引力也较低。

### （三）财务管理的创新发展不足

总的来说，我国的旅游业相较于之前有了较大的发展，但与发达国家相比，尚有欠缺。我国旅游业的发展滞后于其他行业，还处于一个相对弱势的阶段。因此，旅游业要想在较短的时间内实现快速发展必须进行创新。但是，旅游业财务管理的创新发展还远远达不到理想状态，上文所提到的根深蒂固的传统管理理念、财务人员的年龄、地域性的工资差异等都会阻碍财务管理模式的创新。同时，国家相关法律政策的落实能否到位，以及旅游业自身的自律性都与财务管理模式的创新有一定的联系。实现旅游业财务管理模式的创新不是一朝一夕的事，而是一个长期发展的过程。

## 三、推动旅游业财务管理模式的创新发展

### （一）建立与财务检查相关的管理制度

财务监管不健全会给行业带来较大风险，健全财务管理制度，加强财务检查工作对旅游业的稳定发展具有重要意义。建立与财务检查相关的管理机制，具体方法如下：第一，要建立独立的财务管理制度和核算体制，这样才能真实反映旅游业的经济活动和收支往来，为与旅游企业有关的行业机构提供真实可靠的财务信息；第二，要积极控制财务风险，不断完善合同制度和发票管理制度，提高业务办理水平，避免不合理、不规范的办理行为；第三，加强投资评估核查工作，及时处理出现违约、拖欠等行为的机构，提高旅游业的信用等级，拓展融资渠道。

### （二）加强财务人员教育培训

财务人员作为财务系统运作的关键人物，必须提高自身的专业素质。企业要为他们提供职业技能培训，以此来推动财务人员更新观念，提高财务人员的业务素质，发挥专业优势。企业要注重培养财务人员的现代财务管理理念，使旅游业的运行管理具有管理准则，控制企业的财务风险，实现旅游业的长远发展。还有很重要的一点就是，企业要培养财务人员的创新意识和创

新能力，要让他们意识到创新的巨大作用，从而完善财务管理模式。企业对财务人员的细化分工也是提高行业效能的重要途径。企业应在基础财务核算、财务生态构建和财务管理三方面，有针对性地培养人才，整合人力资源。区域人才的选择依赖国家政策的保障和倾斜，政府部门要加大对西部地区的开发建设和投资力度，或者为西部工作人员提高工资、福利待遇等，吸引东部人才参与西部开发建设，以促进区域协调发展。

### （三）将文化效益与经济效益相结合

运用网络技术，旅游业可以实现信息的快速处理及财务数据的快速核算。通过数据平台，企业也能看到旅游业的发展信息和用户反馈，数据的筛选处理不再一味地依赖人工，有助于减少相关人员的工作时间，提高工作效率。很多旅游企业考虑建立以数据共享为基础的网络财务服务平台，从而实现更加合理的资源整合和人员利用，同时规范财务权限，严格控制财务风险，这都是现代网络为旅游业带来的发展空间。财务运作已经慢慢向管理型财务模式转变，因此，必须将财务管理与财务核算相结合，这样企业才能得到更加真实、有效的参考信息。旅游业要想长足发展，不能仅靠单一的旅游资源，必须将经济效益与文化效益相结合，因此，学会合理的文化资源投资是十分重要的。

当今国际竞争日益激烈，文化的竞争就是其中的重要一环，这足以说明文化发展在当今社会的重要性。文化与旅游应该是相辅相成的关系，文化可以为旅游注入源头活水，为旅游增添魅力和独特性，从而促进不同文明之间的相互融合。

综上所述，推动旅游业财务管理模式的创新发展在当前网络化、信息化、科技化的社会中具有重要意义，是现代旅游业自我管理不断更新的重要体现。

# 第三节　高校旅游管理专业人才的培养模式

## 一、校企协同培育旅游管理人才的合作模式

本节以旅游院校本科层次的学历教育为研究对象，主要研究了初步探索、阶段性合作、全过程协同培育三个阶段的校企合作模式，旨在梳理各个阶段校企合作协同育人的背景、主要内容和形式，为校企深度融合、全程协同育人提供参考。

我国的旅游人才培养包括学历教育（涵盖高等教育和职业教育）、岗位教育（培训）两部分。其中，学历教育有四个培养层次，即大专、本科、硕士研究生、博士研究生。我国旅游管理专业本科的学历教育始于 20 世纪 80 年代初。1980 年，浙江大学成立旅游管理系，标志着旅游管理本科学历教育的开始。随着旅游产业的不断发展壮大，本科层次的旅游管理学历教育经历了思想萌芽、巩固发展、规模扩张、内涵提升四个发展阶段，为旅游产业输送了大量的专业人才。截至 2017 年，全国有 501 所本科院校开设旅游管理专业，当年招生 3.5 万人。

我国高校旅游管理本科人才的培养目标由高级管理人才向复合型、应用型人才转化，由主要培养学生的理论研究能力向理论研究能力与实践应用能力并重或以实践应用能力为主转化。由于高校存在实践设施的先进性和时效性不强、模拟环境的真实性较弱、专业课教师的理论知识和实践技能的更新不够及时等问题，许多高校开展了多种形式的校企合作模式，并取得了一定的成效。

### （一）校企探索联合培养旅游管理人才阶段（1980—1996 年）

该阶段是旅游人才培养的萌芽和巩固发展阶段，在此阶段，开设旅游管理专业的本科院校数量迅速增加，在校生人数也快速增长。旅游院校的人才培养目标大多是高级管理人才，以培养其理论研究能力和宏观管理能力为

主，主要向学生传授理论知识，让学生学习相关理念，普遍重理论、轻实践。由于校内培养学生实践能力的师资、专业实验室等教学资源匮乏，许多院校甚至没有校内旅游专业实验室，学生在校内不能掌握岗位操作技能，在行业内的就业能力不强。部分高校开始探索通过实习与企业联合来培养学生实践能力的模式，但由于旅游管理专业的开设时间较短，专业招生规模有限，与企业的联系较少，培养方案中设置的实习期很短（一般为2～4周，最长不超过3个月），学生只有到实习单位经过岗位技能培训和实践操作演练，才能达到顶岗要求，但实际顶岗工作的时间并不长。因此，高校与企业的实习洽谈工作比较艰难，一些高校甚至在学生实习阶段实行“放羊式”管理，校企互动合作流于形式。但仍有一些旅游院校迈出了校企联合培养的第一步，并在旅行社、景区、酒店等建立实习基地，制定实习管理制度，并设专人分管实习工作。

### （二）校企阶段性合作培养旅游管理人才阶段（1997—2008年）

该阶段是旅游人才培养的规模扩张阶段。随着旅游产业的发展，旅游业对我国经济的贡献越来越大，1998年中央经济工作会议将旅游业定位为“国民经济新的增长点”，确立了旅游业的经济产业地位。同年，教育部颁布了新的《普通高等学校本科专业目录》，调整本科学科专业目录，在管理学门类工商管理一级学科下，设旅游管理二级学科，提升了旅游管理的学科地位。1999年开始，我国高校扩大招生规模，蓬勃发展的旅游业吸引了大量院校开办旅游管理专业，使我国的旅游管理本科学历教育迈入新的发展阶段。在这一阶段，许多旅游院校的人才培养目标是培养宽口径、厚基础的综合型、复合型人才。

在培养过程中，虽然存在师资力量薄弱、毕业生就业率较低等问题，但许多院校开展的校企之间的阶段性合作已经大大提高了毕业生的就业能力。在校企合作培养旅游管理人才阶段，校企合作的内容和形式如下。

#### 1. 建设校内专业实验室

随着招生规模的扩大，师资力量的增强、办学条件的改善，许多旅游院校在校内开设了旅游管理实验教学中心，使学生在校学习期间就对行业的发展有一定的认知，并获得部分岗位技能的训练，得到部分旅游活动的实战演练机会。

#### 2．逐渐拓展校企合作的内容和形式

高校邀请大量行业管理人员、岗位实践操作人员、政府相关管理人员作为兼职教师来学校授课，为学生讲授行业的前沿动态，提高学生的操作技能，使学生具备一定的岗位适应能力和应用型人才的基本素养。

#### 3．建立长期稳定的实习基地

一些旅游院校为了拓宽办学视野，提升学生的职业发展能力和行业适应能力，在旅游资源发达的北京、上海、深圳、海南等地建立了实习基地；有的院校还在日本、美国、英国等国家建立实习基地；一些院校将学生的实习时间延长至半年，有的甚至长达 8 个月，以此来调动企业培训实习生的积极性；院校与企业建立长期稳定的合作关系，建立实习生的双重管理制度。

#### 4．建立各种制度

院校建立辅导员教师定期访问制度；实行毕业论文双导师制（高校教师和实习单位管理人员共同指导）；建立完善的校企合作点的筛选制度，停止与合作过程中出现问题比较多、沟通不畅的企业合作，同时加强与校企合作声誉好的行业领军企业的联系；制定优秀实习生激励政策，高校和企业对优秀实习生进行共同表彰。

### （三）校企全过程协同培育旅游管理人才阶段（2009 年至今）

该阶段是旅游人才培养的提升阶段。2009 年 12 月，国家颁布的《国务院关于加快发展旅游业的意见》中明确指出，将旅游业定位为“战略性支柱产业”，并强调了旅游产业的重要地位，这对我国旅游业的发展起到了积极的推动作用。在这一阶段，产教融合、校企协同培育人才受到政府及高校的广泛关注，尤其是国家颁布了一系列政策，有力地推动了产教融合的制度创新和实践创新。2014 年，国务院印发了《关于加快发展现代职业教育的决定》，随后，产教融合相继被写入“双一流”建设、应用型高校转型等系列

政策文件；2017 年，国务院印发了《关于深化产教融合的若干意见》，将产教融合上升为国家教育改革和人才培养的整体制度安排，产教融合迈入了新阶段；2019 年 4 月，国家发展改革委、教育部联合印发了《建设产教融合型企业实施办法（试行）》，使产教融合制度由人才供给侧延伸到需求侧，进一步调动了企业参与产教融合的积极性；2019 年 7 月，习近平总书记主持召开中央全面深化改革委员会第九次会议。会议审议通过了《国家产教融合建设试点实施方案》，该实施方案指出深化产教融合是推动教育优先发展、人才引领发展、产业创新发展的战略性举措，是教育、产业、科技、人才、金融综合性改革的战略举措。

在这一阶段，我国旅游本科层次的学历教育从校企合作的内容和形式的广度、深度进行分析，可以分为校企全过程合作、校政企全过程深度融合两个时期。

### 1. 校企全过程合作阶段（2009—2013 年）

许多旅游院校与企业签订协议，建立稳固的学生校外实习实践基地，进入了集实践教学、创新设计、理论研究、服务地方经济与培养创新型人才为一体的校企联合应用型人才培养阶段。依托基地建设，高校与旅游企业合作的内容和形式主要包括：共同确定校外实践教学的目标和培养方案、共同建设校外实践教学的课程体系、共同组织学生进行校外实践、共同评价学生校外实践的质量等工作。旅游院校依托基地的实践资源，在大学生学习期间开展不间断的综合性实践教学，即一、二年级以见习、调研、岗位技能基本训练为主，三年级以实践操作专项训练为主，四年级以顶岗实习为主。

一些院校尝试与企业签订战略合作协议，设立行业学分，开设“定制班”，实施定向培养计划，拓展了校企合作内涵：依据企业对学生的发展要求，进行教学内容规划，制定具有统一性、连续性的人才培养和课程建设目标；利用校内外实践教学基地，开展多种形式的实践技能培训项目，增设综合性、设计性实验项目；企业派遣高级管理人员和业务精英到高校授课，指导、评价学生的校内实践活动，结合行业发展趋势和旅游业发展实际，加强学生的实践技能培训和职业发展能力培养，提升学生的应用型技能和职业发展能力，使学生可以适应岗位需求，成为上岗即成熟的应用型实践人才。校企合作全过程协同培育旅游管理人才，对培养复合型、应用型人才起到了积极的推动作用，成效显著，但是，由于高校和企业的运行目标、运行规律、资源基础等方面存在差异，校企的深度合作仍然在制度、效率等方面存在问题。

### 2. 校政企全过程深度融合阶段（2014 年至今）

在校企全过程协同培育人才的基础上，一些旅游院校探索校政企全过程深度融合模式，协同培育旅游管理人才。较为典型的合作模式是校企联盟。校企联盟是学校、企业、研究机构、政府采用协议的方式，自愿结成的非营利性的组织，利用各自的教育环境和教育资源，将学生的课堂学习与工作实践环节的学习有机结合，构建产教深度融合、协同培育人才的培养模式。目前，校企联盟大致分为学校主导型、企业主导型、校企融合主导型三种模式。

由政府（地方教育管理、旅游管理的行政机构）指导和管理，旅游院校、政府、研究机构、行业企业共同参与的旅游校企联盟（下文简称联盟），是学校、企业、研究机构、政府之间建立的一种长期战略合作伙伴关系。联盟的总体目标是整合联盟各方资源，解决旅游服务业面临的实际困难和共性问题，促进政、产、学、研、用等合作各方的共同发展，适应地方经济产业结构升级、经济转型和社会发展对旅游服务业的新需求，探索构建联盟单位间智力资源共享、人才联合培养和交流的新机制。联盟开展校企协同育人的内容和形式如下。

（1）建设联盟信息平台

联盟秉承“共建、共享、共融、共通”的原则，开设网站、微信公众号等多种形式的信息平台，设置盟员特色简介、旅游政策法规、行业资讯、学术资讯、前沿问题研讨、项目合作、企业人才需求、人才供需双方特色活动展示、人才智库、联盟动态等模块，从而实现信息共享与资源整合。

（2）成立专家咨询委员会，加强组织保障工作

专家咨询委员会应结合联盟发展的实际工作需要，指导联盟确定发展规划，协助联盟理事会对联盟战略决策及有关工作进行评估，为联盟提供科技创新、人才培养、政策咨询等方面强有力的智力支持。其作用具体表现为

三方面：第一，联盟应遴选高校、企业、研究机构中具有丰富的校企合作经验的专家作为专家咨询委员，并开展人才供需调研，定期召开校企合作研讨会、问题诊断分析会、决策咨询会，从而进一步完善校企合作成果，保障校企深度融合工作开展。第二，通过专家咨询委员会，高校可吸纳企业人员参与人才培养的全过程，为复合型、应用型人才的培养提供企业实际需要和行业现实发展参照，发挥校校合作、校企合作、产学研合作的优势。第三，结合地方旅游业的现实需求，以服务地方经济发展为目标，专家咨询委员会为旅游行政管理部门、联盟内的企业提供旅游产业发展问题分析诊断、决策咨询、项目研究、培训等服务。

（3）确立旅游复合型、应用型人才培养的驱动系统

调动联盟内各主体的积极性，建立和完善联盟发展的三个动力驱动系统，即以经济利益为驱动的联盟内企业驱动，以供给侧结构性改革和推进高等教育综合改革、凸显特色为驱动的联盟内高校驱动和以推动旅游产业优化创新、均衡发展为驱动的政府驱动，并通过联盟主体自身的工作需求推动联盟工作开展。

我国旅游院校本科层次的学历教育，在校企合作、协同育人方面开展了许多有效的理论研究和实践探索，经过初始探索、阶段性合作、全过程协同培育三个阶段，校企按照“共建、共享、共融、共通”的原则，深度融合，破解旅游管理人才供需错位的难题。目前，我国已经建立了校企深度融合、全程协同育人的有效模式，与此同时，高校将根据人才培养目标、地理环境、产业特征等优势和特色，探索出更多的有效模式，推进旅游管理复合型、应用型人才的培养。

## 二、高校旅游管理专业国际共建模式

在国际旅游市场快速发展的背景下，高校旅游管理专业的国际化建设水平已成为衡量其办学水平的重要指标。目前，我国的旅游管理专业在国际合作办学过程中仍存在人才培养体系与市场需求脱节、师资队伍的国际化

水平较低及国际知名度较低等问题。但是，仍有一些成功的案例，如中南民族大学旅游管理专业与英国切斯特大学合作。下文将从人才培养、课程体系、师资队伍、科研合作等方面探索国际共建的专业发展模式。

我国快速发展的国际旅游市场，对高校旅游管理专业的国际化办学水平、国际旅游人才的培养质量及国际前沿问题的科研实力都提出了更高的要求。专业国际共建是指与国际知名高校合作，共同进行专业建设，是国际合作办学更深层次的合作形式。专业国际共建是由合作方结合产业发展需要和专业特色，与中外办学实体共同探索人才培养模式、共同打造课程体系、共同提升师资队伍水平、共同参与科研及社会服务的系统化、多层次合作项目，是快速提升人才培养质量、专业综合实力和国际化水平的有效途径。

### （一）旅游管理专业国际合作现状

根据 2017 年全国旅游教育培训统计，全国开设旅游管理类本科专业的普通高等院校有 608 所。到 2019 年末，在教育部备案的旅游管理类本科教育中外合作办学机构与项目共 21 家，总体来看开展国际合作办学的高校占比较低，已开设的国际合作项目主要以中外合作办学为主，中外专业共建项目并不多见。

目前，常见的旅游管理专业国际合作办学有两种类型：一种是全面移植型，通过全面移植国外大学的教学模式进行人才培养，包括教学计划、大纲、教材、教学方法等；另一种是组合合作型，比较普遍的有“2＋2”“3＋1”等形式，学生在国内学习基础课程及部分专业课程，第三或第四年在合作高校学习专业课程。

我国目前旅游高等教育国际化合作主要存在以下问题：①人才培养体系与自身特色及市场需求脱节。部分旅游管理专业的国际合作在建立人才培养体系时，大多是模仿、套用或是照搬国外方案，缺乏与自身办学条件和优势学科相结合的特点，不能与国内旅游市场特征相结合，普遍存在人才培养定位及目标模糊、培养方案与市场需求不匹配的问题。②师资队伍的国际化水平较低。教师队伍的国际化水平是衡量专业国际化办学水平的重要指标。大多数高校聘请的外籍教师多从事语言方面的教学工作，较少涉及旅游学科教学及科研等工作；国际化教育对中方教师也有非常高的要求，教师队伍不仅需要有留学背景或国外访学经历，同时还要有一定的企业工作经验，目前国内大部分旅游管理专业的教师队伍很难达到这一要求。③国际知名度及影响力不足。我国旅游管理专业的教师在国际知名期刊发表的论文数量普遍偏少、级别较低，参加国际会议频率也偏低，更缺少在国际知名企业工作、具有较高社会声誉的毕业生。④国际实习实训条件较弱。目前，我国高校旅游管理专业的实习实训教学大多依托的是国内的企业单位，与国际知名企业联系不多，能提供的国际旅游企业实习岗位及实习工种非常少。国际实习实训基地匮乏、实习岗位单一、实训条件不足，制约了国际化旅游管理人才的综合素质培养。

### （二）旅游管理专业国际共建模式探索

以中南民族大学为例。中南民族大学与英国切斯特大学有多年的合作基础，近年来，两校以旅游管理专业为试点，共同探索国际专业共建模式，力求打造既符合国际标准，又有学校办学特色，而且能适应市场发展需求的特色专业。中南民族大学旅游管理专业的中外共建工作主要从共建培养模式、共建课程体系、共建师资队伍及共建科研团队四个方面推进。

#### 1. 共建培养模式

两校通过合作办学，构建专业共建平台。合作办学是专业共建工作的切入点，通过中外合作办学，我国高校可以引进国外先进的教育理念、专业课程和教育模式，还能促进人才培养模式的多元化。在合作办学中，两校组成专业共建工作团队，在工作中相互增进了解，搭建起两校交流的桥梁。

两校通过学分互认，共建多层次的培养模式。两校旅游管理专业通过课程体系、教学内容、教学方式及考核方式的对接，确认了学分互认、互通的合作机制，在此基础上构建起三种模式：①弹性本科联合培养模式。采取“2+2”或“3+1”的弹性培养模式，即用两年或者三年时间在中南民族大学完成通识课程、学科基础课程、共建课程及部分专业课程的学习，再用一年或两年时间在切斯特大学学习专业课程。②本硕实验班培养模式。在本科合作的基础上，两校还探索尝试“3+1.5”本硕合作项目，即用三年时间在中南民族大学完成本科阶段的学习，用一年半时间在切斯特大学完成硕士阶段的学习，通过打通两校本科、硕士阶段的课程体系，做到知识体系的无缝衔接，在保障教育质量的基础上，大大缩短了学生的学习周期，减少了学生出国留学的时间及费用。③短期专项培养模式。国外专家参与中方的导游培训、旅行社经理人培训、民族地区旅游高管培训工作，同时将师生的实践交流合作、学生短期实习项目及教师的访学做成常态化的合作项目。

2. 共建课程体系

本着“宜融则融，能融尽融”的总体思路，中南民族大学在充分吸收外方在课程模块设置、教学内容及教学方法的优势和特色的基础上，与英国切斯特大学共同打造既符合市场需求，又充分体现其办学特色的旅游管理专业课程体系。

共建课程体系包括通识课程平台、学科基础课程平台、英语扩展课程平台、共建课程平台、专业课程平台及实践教学平台六个模块，其具有以下四个方面的特点。

（1）共同开发课程

结合两校优势与特色，从教材选择、教学大纲、教学内容、授课形式及考核方式方面着手，共同开发了“国际旅游概论”“管理研究方法”“旅游服务营销”“旅游目的地管理”“饭店管理原理”及“旅游规划”六门共建课程。

（2）强化外语学习比重

通过与学校外国语学院及英语培训机构合作，开发英语听、说、读、写专项训练课程，并开设雅思考试培训班。在为学生创造良好英语学习条件的同时，还定期组织中方教师出国培训，培养能进行双语教学及全英语教学的教师团队。

（3）创造国际实践机会

结合共建的专业课程设置对应的实习实践教学活动，通过共享外方的实习实践基地，在假期为学生提供境外实习实训条件。

（4）优化教学形式

专业课教学充分融入外方的教学理念与教学方法，采用模块化教学、小班教学，采用师生互动的教学方式，鼓励学生勤于思考，主动自学。共建课程授课均由双方教师共同完成授课，采取邀请外国教师进入课堂、远程直播授课与线上互动讨论相结合的方式进行，有效解决外方教师授课时间不灵活，来访费用高、时间短等问题。

3．共建师资队伍

中南民族大学积极将中方教师分批派遣到切斯特大学进行培训，加深中方教师对西方文化、西方教育制度及国外课堂教学模式的了解，保障双语教学和全英文教学的教学质量。促进中方教师对国际先进的科研理论和科研方法的了解，提升教师的科研实力。

中南民族大学还邀请外方教师进行讲学，并开展教学法讲座、教学经验座谈等多种形式的教学交流活动，帮助中方教师提高教学水平。同时选送中方教师到国外知名的旅游企业挂职，聘请国外企业高管作为客座教授，进行专业课程的教学。

4．共同改革导师制度

在践行本科导师制基础上，两校共同实行导师制度改革，每名学生均配有中方导师、企业家导师及外方导师。通过与外方导师接触，学生不仅能在学业上有所收获，还能了解外国人的思维和处世方式，积累大量的国际法规及文化知识。

## （三）旅游管理专业共建的保障措施

国际合作的专业共建是一项复杂的工程，涉及两个学校多个部门的协同工作，需要人力、资金及制度等多方面的保障。

1．设立专业共建的工作组

切斯特大学商学院与中南民族大学管理学院主要领导共同组建专业共建的工作小组，分别领导两校的共建工作。

### 2. 设立专业共建的专项资金

为推进国际化办学，中南民族大学设置了国际教育专项资金，为本校学生出国交换、外国专家引进、教师外出考察访问及培训提供了资金保障。

### 3. 设立专业共建的协议及制度

在两校签订的旅游管理专业共建协议的基础上，双方经进一步协商，共同设置了《共建课程教学质量管理办法》《旅游管理国际实验班管理办法》等一系列管理规定，以保障专业建设的顺利推进。

## 第四节　休闲农业与乡村旅游管理经营模式

随着我国发展进入新常态，经济方面呈现出多元化的发展模式，不同产业之间有机融合、相互促进，共同带动新型产业发展。如服务业与商业结合而产生的产品服务业带动了产品经营模式的发展；农业与工业相融合，工业产品可以提升农田的肥沃程度，农业又为工业提供基础生活保障及工业用地；农业与服务业相结合，如服务业当中的旅游业与农业相结合的农家乐式的体验旅游。本节就乡村旅游的经营管理方式进行分析与研究，并针对一些问题提出相应的解决方法，希望对我国乡村的经济发展有所帮助。

现如今，人们的生活节奏快，面临巨大的工作压力，很多人会选择去旅游，去那些与城市景观完全不同的乡村，通过观赏美景、体验乡村生活的方式来放松身心。众多的旅游公司为满足人们的旅游需求，大力开发乡村旅游业，改造农田结构供游客体验，并且还投入了大量资金进行基础设施建设，为的是让游客有更好的旅游体验。目前，乡村旅游大致面临两个方面的问题：第一，由于这种悠闲的旅游方式被更多人所了解，到乡村体验生活的人数已经远远超过了乡村环境的承载能力，从而破坏了当地的生态环境；第二，由于乡村建设宣传不够或者地方知名度不高，造成乡村旅游业不景气，不利于乡村产品资源的开发以及乡村经济的发展。

## 一、乡村旅游的类型

自从旅游业延伸到乡村地区，乡村资源得到了开发，乡村经济获得了发展。不同的乡村，由于所处的地理环境及人文环境不同，所形成的自然景观以及文化风俗也有所差异。它们凭借着各自不同的优势，进行发展建设，形成各具地方特色的旅游类型。目前，我国乡村旅游的种类根据其建设方向的不同，可分为以下三类。

### （一）以地方真实景观作为建设方向

我国幅员辽阔，自然景观的类型众多。这些奇异美丽的景观引起了一些地理研究者及摄影爱好者的兴趣，因此我国一些乡村旅游业就以展现地方真实的景观特色和独特的地方民俗为发展方向。例如，云贵高原所特有的喀斯特地貌（流水、溶石、岩洞），每年都会吸引一些地理研究者和摄影爱好者慕名而来；桂林山水以其高耸秀丽的山峰和清澈的河流吸引着大批游客前去观赏。

### （二）以地方人文特色作为建设方向

我国历史悠久，有很多文化古迹，这些文化古迹体现了古代劳动人民的智慧。还有一些是名人故居，那些有成就的名人曾经在某个地方居住过，那这个地方就成了一处景点。每年有很多历史古迹研究人员和普通游客会去名人故居旅游，他们在那里不仅可以了解名人轶事，丰富自身知识，还能了解历史故事，提升自身的文化修养。例如，古代劳动人民建造的长城，虽然台阶陡峭，但是每年还是有很多人慕名而来。人们来到长城，不仅会油然生出一种民族自豪感，还可以感受古代劳动人民保卫家园的决心和毅力。

### （三）以开展体验式生活为建设方向

忙碌的城市生活给人们带来了巨大的精神压力，因此，很多人在空闲的时候会带着家人一起去乡村，享受慢节奏的生活。在那里他们可以放下手头的工作，欣赏美丽的乡村风景，内心也会随之放松。一家人可以一起做饭、一起游玩，尽情地享受欢乐，还可以静下心来进行交流，一起感受这个世界的美好。

## 二、乡村旅游开发中存在的问题

### （一）缺乏资金投入，基础设施不完善

我国江南等地一些有名的大型乡镇，凭借自身的地理优势及知名度，获得了很多企业的关注，企业纷纷对这些地方进行资金投入。这就有助于乡镇进行基础设施建设，不断完善游玩项目、提高景观质量，从而吸引更多的游客前来体验，达到可持续发展的效果。虽然我国乡镇众多，但是像江南那些有名的且有内在发展潜力的乡镇并不多，更多的还是名气较小或者是不容易被人知道的小乡村，这些小乡村在发展旅游业的过程中，因为没有名气，再加上景观特色相对于其他地区来说不够突出，所以难以引起投资者的注意。缺少投资，再加上乡村内部资金匮乏，使得这些乡村的基础设施建设不够完善，进而导致前来游玩的游客热情不高，而且难以吸引更多的游客前来旅游。

### （二）缺少专业的项目设计人员，景区资源开发不合理

如今，在我国乡村旅游建设中存在的最大的问题就是对景区资源的开发极度不合理。具体表现在两方面：一方面是开发程度较小。有些地区农业发展得很好，村民们都有各自的耕地。在开发的过程中，村民由于缺乏发展旅游经济的意识，不愿意把自己的耕地让出来，供前来旅游的人体验耕种，更别说开发其他旅游项目了。村民们只看到了眼前的一点利益，缺乏远见，这种故步自封的观念不利于乡村经济的发展。另一方面是过度开发。一些乡村在开发的过程中缺乏科学指导，前来的游客过多，导致乡村的自然环境遭

到破坏。

归根到底，还是乡村在开发的过程中缺少专业人员的指导，导致资源开发不合理。

### （三）景区人员缺乏责任意识，宣传工作不到位

如今市面上有很多宣传乡村旅游的广告，如云台山景区等。很多人也是因为看了这些设计巧妙的宣传广告而对这些地方充满好奇，有的广告还标出令人心动的价格，这样更容易使人们产生想去旅游的想法。然而，仍有部分乡村旅游开发者不注重对景区的宣传，固守“好酒不怕巷子深”的老观念。现在是互联网时代，市面上存在很多同类型的旅游产品，如果其他旅游产品利用互联网优势进行宣传，而自己不利用，那么自身景观即使再好，也会不为人所知。所以，在信息时代，打造乡村旅游的品牌知名度是非常重要的。

## 三、进行乡村旅游规划的措施

### （一）借鉴建设经验，合理规划开发力度

在乡村旅游设施的建设中，乡村资源既不能不开发，又不能开发过度。不开发吸引不了更多的游客前来消费，不利于乡村经济的发展；开发过度会对乡村环境造成严重破坏，影响生态环境的可持续发展。因此，乡村在进行旅游开发建设时，要多借鉴同类的成功案例，并结合本地的实际情况进行开发；或者请专业人员进行整体规划，从而进行合理的基础设施建设与景区资源的开发。

### （二）利用自身优势，打造独特品牌

在乡村旅游景区建设中有好的品牌是至关重要的。好的品牌会引起更多人的注意，也会吸引更多游客。所以，在景区建设中，乡村要努力发掘自身优势，并利用优势打造品牌，提高知名度。

# 第五节　风景旅游区经营管理模式

当前，我国绝大多数风景旅游区正处于城乡统筹和新型城镇化、新农村和美丽乡村建设等多元化发展的时代背景中，在快速城市化、新农村建设和旅游开发等多重挑战下，大量管理落后的风景区破败不堪。面对这些问题，我国的风景旅游区经营管理模式急需创新，相关人员应先了解我国风景旅游区的管理现状，明确当前管理模式中存在的问题，然后再确定我国风景旅游区经营管理模式的探索方向。

## 一、我国风景旅游区的经营现状

长期以来，在市场经济条件下，我国风景旅游区受到货币经济的冲击，风景旅游区文化资源保护得不到充分重视。除了极少数风景旅游区被列为“世界文化和自然遗产”而得到较好发展，多数风景区并没有得到有效的保护和利用。

## 二、改进风景旅游区经营管理模式的建议

### （一）创新旅游模式

村镇旅游模式。随着我国城镇化建设和生态文明建设的速度不断加快，越来越多的地方旅游业充分利用当地村镇的特色文化，将当地特色融入旅游开发中，以古村落、古建筑的文化氛围为基点，以新农村建设为助力，大力发展如农家乐、村寨游、古文化游、新村风貌游等多种类型的旅游。

民俗风情旅游模式。民俗风情游与村镇游的最大区别在于其旅游资源主要围绕当地的特色民俗进行包装，这就要求当地风景区有一定的历史沉淀。在这一基础上，风景区要大力宣传当地的农村风土人情和民俗文化，并

整理成适应市场需求的特色民俗文化，可以通过多种手段增加文化色彩，如民间技艺、农耕展示、节庆活动、时令民俗及民族歌舞等。

文化创意与跨界经营。跳出风景旅游区看风景旅游区，能给风景旅游区注入更多的生命力。风景旅游区应与周边环境融为一体，保留当地的特色生活。游客住在风景旅游区是为了旅行休闲，感受另外一种生活方式。风景旅游区要借用环境、人文等要素，注意设计感与卖点，把餐饮、客房、人、物产等结合起来。

## （二）创新宣传渠道

社群商业与自媒体传播。社群商业的主旨就是去中介化，充分运用社群基础进行营销宣传，而在这一过程中，自媒体传播工具起着极其重要的作用。因此，风景旅游区在宣传方面首先要学会使用微信、微博等自媒体平台，在保证自身特色的同时，打造与自身特色关联性强的客户群，做到精准宣传，这样才能取得事半功倍的效果。

“环境资源＋”。环境资源包括“农业资源”和“山水资源”。风景旅游区，重点在“民”。风景旅游区的打造就好比一件商品的包装，而这件商品包装最吸引人的就是商品代表的地方文化。

引入智能化宣传渠道。在社交媒体工具空前发展的今天，风景旅游区的经营者应充分利用网站、微信、微博等方式打造体现自身特色的宣传平台，利用图片、文字和视频，对酒店内各房间情况（如报价）、餐饮情况（如特色菜肴、酒店位置和周边环境）等进行展示，使游客在家就能轻松获取景区的相关信息。

适当的定位。风景旅游区的定位是极其重要的，风景区作为一件商品，一个准确的定位意味着它在市场中的价格区间、市场受众、产品收益及后续可持续发展的能力，因此在宣传过程中必须充分考虑定位问题。

适当的宣传口号。风景旅游区的宣传口号要突出重点、容易记忆，这就要求口号短而精，切忌口号内容空洞、文字较多。通过对国内外成功风景区宣传案例的分析总结，可以发现一个成功的风景区宣传口号主要遵循两大原则：

合法可用。合乎法律规定是一个成功的宣传口号的立身之本，但由于我国部分群众法律意识淡薄，这一最基本的原则常常是最容易被忽略的，在我国乡镇旅游风景区，这类现象尤其明显。再好的宣传口号如果得不到法律的保护，就存在随时被剽窃甚至被占有的风险，轻则损害景区声誉，重则高额的宣传费用“打了水漂”，甚至惹上法律纠纷。

易读易记。设计风景旅游区宣传口号的目的就是使游客对该景区产生兴趣。因此，宣传口号应该朗朗上口、简单易懂。

### （三）创新服务模式

人情味的服务是一种有温度、能够传递情感的服务。它能够让游客感受到风景旅游区的情感，从而引起游客的情绪波动，如感动。

好的服务质量有两个标准：第一，切实解决了游客难以处理的问题；第二，服务超出了游客的心理预期。景区的服务模式可尝试在以下三个方面进行创新。

#### 1. 低价高值服务

该服务是指风景旅游区消耗极低的人力成本、物力成本，为游客提供很有价值的服务，如叫醒服务、行李寄存、延迟退房、提供针线包、行程规划、预订门票、收发快递、照片打印等。

#### 2. 标准化服务

服务人员应细心观察游客的行为举动，主动、预见性地提供服务，如住店游客从外面买了一些水果，服务人员应主动询问游客是否需要水果刀。服务的关键在于能够有效地执行。风景旅游区从前台到清洁人员，都是服务的执行者，景区应对服务人员进行服务培训，提高其服务意识及服务能力，并制定相应措施激励员工，提高其服务质量，如被游客点名表扬的员工，风景旅游区应给予物质奖励。

#### 3. 具体化服务

风景旅游区的服务内容要具体化，景区应整合服务的内容并告知游客。

在旺季时，游客要求会很多，这时候，服务人员应把游客的各种要求记在本子上，然后根据要求的轻重缓急一一去解决。在服务的过程中，服务人员应和游客进行有效沟通，对游客提出的要求要理解到位。

## 第六节　低碳旅游理念与酒店管理模式

目前，人们普遍开始追求低碳生活，低碳旅游的理念应运而生。低碳旅游是一种绿色、环保的旅游形式，主张低能耗、低排量、低污染。总而言之，低碳旅游就是一种低碳环保的旅游方式，是我国旅游业未来发展的大趋势。酒店作为旅游业发展中必不可少的部分，是旅客休息和居住的重要场所。酒店的星级标准取决于其硬件和软件设备，其中，酒店的管理模式反映了酒店的软件水平，为了适应时代发展，酒店只有在管理模式上作出相应的改变，才能获得更强的竞争力。

### 一、低碳旅游理念下的酒店管理模式

传统的酒店管理模式主要推崇顾客至上，服务第一的理念。酒店通过培养优秀的员工，来提供令人满意的服务。而在低碳旅游理念的引导下，酒店管理模式应在原本理念的基础上，加入低碳、低耗能、低污染的绿色理念，为顾客提供更加优质的服务。这就需要酒店加大管理力度，打造一种轻松、愉悦、绿色、环保的酒店环境，平衡酒店和社会之间的关系。在调整的过程中，酒店既要关注自身的经济效益，又要考虑社会效益，并尽可能实现两种效益的最大化。

## 二、低碳旅游理念下酒店管理模式存在的问题

### （一）采取低碳经营的酒店数量少

虽然低碳旅游的概念早已提出，但相关数据显示，只有部分高级酒店和星级酒店采取了低碳措施，而这些低碳措施只限于节能、节电方面，不够具体化、全面化，所以并没有取得有效的成果。其他中低档酒店低碳措施的实施程度更低，甚至没有。同时，还有某些酒店的管理者缺乏对低碳旅游的认识，他们在实行低碳管理时，只是跟随潮流，而不是发自内心，所以，他们实施的措施只停留在表面，并没有深入管理系统，这极大地限制了酒店低碳管理模式的推广。

### （二）消费者受传统消费观念的影响

国内消费者对于低碳旅游理念的认识普遍不足，在入住酒店时，他们会关注酒店是否能够提供一次性用品。由此可以看出，消费者的消费观念并没有受到低碳旅游理念的影响。

### （三）高科技服务设施有待完善

当前，我国国内高星级的酒店设施不断完善，基本能够满足受众所需，但在高科技服务设施上还存在一定的不足。一些高科技服务设施能够极大地减少酒店水电的使用量，帮助酒店实现低碳管理模式，但这些高科技服务设施在酒店并没有得到很好的普及。

### （四）酒店工作人员素质参差不齐

在低碳旅游的视角下，酒店行业不仅需要管理型人才，还需要服务型人才。根据我国目前的形势，在酒店工作的人员大多数都是中年人，这些人的学历和文化程度普遍不高，工作人员的素质水平不一，他们对某些先进技术和措施没有系统的认知和把握，这就使得酒店的服务水平不高。我国国内许多高校也没有设立酒店管理专业，大学也不能为社会提供足够的酒店管理

人才，所以酒店市场也处在一种人才空缺的状态。

## 三、低碳旅游理念下改进酒店管理模式的措施

### （一）将低碳理念植入酒店

在对酒店进行规划设计时，相关人员应在节能设计上将低碳理念植入其中，并仔细核算低碳节能的投入，虽然在建设期会投入一部分资金，但从长远来看，这一理念的植入是利大于弊的，会为酒店带来更为可观的收益。酒店在筹建时，要进行适当的技术更新，引进新设备，合理控制能源消耗。例如，酒店的地下室、停车库等场所可以将日光灯替换为节能灯；为避免温度升高造成的能源浪费问题，可以对餐厅落地玻璃进行加膜处理，减少能耗；也可对景观灯的开关时间进行控制，使其开关时间更为妥当；对于酒店各区的热水器，应该安装中控装置，分时段进行水温控制；酒店的屋顶要做隔热处理，有效的遮阳系统对外窗的设计而言也是十分必要的，同时应将开窗面积控制在合理的范围之内；酒店入口也可以利用可再生能源进行节能改造，减少能源的浪费；在排污时要经过隔油池，污水经过过滤之后才可以排放，并且要对隔油池进行定期的清理和打扫；扩大酒店的外围绿化面积，为顾客营造环保、舒适、绿色、健康的居住氛围。

### （二）引入低碳技术

酒店行业是最先与国际接轨的行业，酒店要积极地将先进的科学技术引入日常的管理中去，这对酒店的发展将会起到重要的作用。在酒店管理模式中，低碳技术应得到实际运用，例如，在洗衣房安装废水回收装置、为员工洗澡房提供一套完整的智能系统等。酒店运用这些先进的低碳技术，对节能减排的推动具有不可估量的作用。

### （三）打造专业人才队伍

在低碳理念的影响下，酒店管理应该寻求大量的专业人才，打造强大的人才队伍。而在这一过程中，要做到以下四点：一是要建立合适的薪酬制度，

根据不同岗位的实质性要求，分析出每个岗位的实际需求，将员工的表现纳入日常考核中，激发员工工作的积极性；二是要根据每个员工的不同情况，给他们安排合适的岗位，让他们在自己的岗位上发挥出最大的作用，以保证酒店能够为旅客提供更好的服务；三是要给员工提供学习和培训的机会，让他们不断学习，丰富自我，同时也能够提高自身的能力；四是要为员工提供一定的休息场所，在完成大量的工作后，员工能够得到一定的休息，这样更有助于增进员工之间的感情，营造和谐的氛围，促进酒店的发展。

## 第七节　绿色管理理念下的世界遗产地旅游管理模式

近年来，人们对世界遗产地的开发不断深入，随之而来的问题也在不断增加。面对新形势下的新问题，旅游业管理者应制定符合世界遗产地旅游特色的管理模式，在保护文化遗产的同时，适度进行旅游开发，树立绿色管理的理念，促进世界遗产地的文化传承和经济繁荣。

### 一、世界遗产地的绿色管理

自我国第一批自然文化遗产列入《世界遗产名录》后，中国遗产项目的申报数量日渐增加。考虑旅游地的可持续发展，是任何一个旅游地的首要之举。目前，许多世界遗产地在旅游开发过程中面临的首要问题就是垃圾污染，其次便是水污染，最后是古建筑破坏。出现这样的问题，最主要的原因就是相关管理人员没有考虑到旅游地的可持续发展，没有树立绿色管理的理念，还未能形成一整套完整的、科学的、系统的管理模式。因此，在可持续发展的前提下，有必要在世界遗产地的旅游管理模式中引入绿色管理理念，建构一个完整的可持续发展模式，从而实现世界遗产地旅游的绿色管理。

## 二、绿色管理理念下世界遗产地的建设

世界遗产地的开发讲究建设性，建设性强、建设利用价值高和破坏性小的项目是世界遗产地建设的首选，也是绿色管理模式的关键。旅游地的开发关键不在于建设多么美好的景色，而在于在规划实施的过程中体现绿色管理的理念。通常，对世界遗产地进行旅游开发，要有核心区和建设区，核心区分级别保护。一般来说，一、二级保护区要严格保护，三级保护区可适当安排少量建设性保护项目，但也不能轻视。在对世界遗产地进行改造时，必须申报并在审批通过后方可实施建设方案，在实施方案的过程中，应将当地的旅游特色与世界遗产地的环境有机结合起来，形成独特的建设风格。

## 三、绿色管理理念与世界遗产地的可持续发展

世界遗产地的可持续发展对人类来说尤为重要，可持续发展的前提是贯彻绿色管理的理念。首先，人们应该保护自然环境，保护文化遗产的原始状态，并充分认识到世界遗产地的不可替代性和唯一性。相关人员应按照国家规定对世界遗产地进行有效的管理保护，建立绿色管理模式。其次，在对世界遗产地进行开发时，应该考虑自然资源的承载能力，对其开发时不能超出自然界的承载力和自我更新能力，从而实现世界遗产地的可持续发展。

## 四、绿色管理模式的经济效益

在世界遗产地旅游管理中，旅游地的经济来源大半是景区门票和旅游项目的资助，而景区门票可根据旅游地的级别高低进行收费。在融资过程中，企业可以以员工入股、公司协商旅游地资源的特许经营权等方式，筹资开发旅游地，从而实现企业与员工利益共享，实现经济效益的最大化。在此过程中，所属部门的资金流动应公开、透明，体现绿色管理模式的先进性。

## 五、绿色管理模式的制度化

我国遗产地的旅游管理制度最初是单纯的事业管理制度，随着经济的发展和旅游业的发展，我国世界遗产地的旅游管理制度发生了巨大变化，一些世界遗产地采用了企业管理和事业管理相结合的管理模式。这让很多人有了可乘之机，在很大程度上违背了绿色管理的初衷，因此，对管理机构进行改革，确立绿色管理模式是势在必行的。在绿色管理模式下，企业可根据世界遗产地的不同现状，深化管理，在分工协作的前提下，建立完善的管理机制，如增设行政执法局，集中行使行政处罚权；增设党工委，扩大管委管理范围等。

综上所述，世界遗产地的旅游管理模式不能以经济效益为主，而应考虑世界遗产地的可持续发展，树立绿色管理理念。对世界遗产地的旅游开发，要在确立绿色管理模式的基础上进行，坚持可持续发展理念，以世界遗产地的真实性和完整性作为绿色管理的根本性原则，并在此基础上促进世界遗产地的经济发展。

# 第四章　旅游文化

## 第一节　旅游活动和旅游文化

旅游文化作为旅游学的基本概念之一，一直是旅游学研究的重要内容。但是在旅游学的相关理论中，旅游文化到底指什么？其内涵有哪些？对于这些问题，人们的认识是模糊的，也没有一个比较一致的观点。本节主要从旅游活动的文化属性和旅游资源及相关旅游产品的文化属性来对旅游文化进行说明。

### 一、旅游的本质和功能

从一定程度上来说，旅游几乎涵盖人类活动的大部分领域。正是由于这个原因，旅游活动的项目才开始急剧增加，常见的旅游类型有休闲度假、科学考察、公务旅游、消遣旅游等。在诸多的旅游类型当中，最具代表性的就是观光旅游，这也是人们最常体验的旅游项目。因而很多人认为，旅游就是一种关于审美的活动，具有美学本质的特点，这种美学本质表现为一种普遍的文化性。从旅游的功能上来看也是如此，旅游具有六种功能，即增长知识、陶冶情操、促进文明、开启智慧、提高素质和强健体魄。几乎所有的功能都跟文化相关，这也在很大程度上体现了旅游的文化功能。

## 二、旅游资源的文化属性

众所周知，旅游活动具有文化属性，那么从逻辑上来说，旅游的资源也应该具有文化属性。旅游学中将旅游的资源分为人文旅游资源和自然旅游资源。人文旅游资源和自然旅游资源相辅相成，自然地理环境成就了自然旅游资源，一方水土也成就了一方人，这样就形成了独具特色的人文旅游资源。

## 三、旅游产品的文化性

我们在谈论旅游时，总会提到关于国家或地区的某些旅游产品，如影视娱乐作品、足球或文学作品等。旅游产品的生产过程是经济与文化相互结合的过程，如风景区的开发，这跟当地区域经济的发展有很大关系，只有地区经济不断发展，人们才有使用更加高级的娱乐资料的机会。在经济发展的过程中，文学、电影等艺术形式也会为了自身的发展进一步与旅游活动相融合，最终使旅游产品的范围不断扩大，并且带有浓厚的文化性。

## 四、旅游文化的概念

### （一）旅游活动是旅游文化产生的前提

旅游文化的产生和发展与旅游活动的产生和发展是同步的，有了旅游活动就会产生相应的旅游文化，或者说，旅游文化的产生和发展是因为有了旅游这个过程。当然，旅游文化的内容也是非常广泛和复杂的，它不仅包括游客在旅游过程中的文化表现和受到的文化影响，还包括为游客提供的文化产品及相关服务。

### （二）旅游活动本身就是一种文化现象

一方面，从旅游活动的本质和功能上来讲，旅游活动在很大程度上具有文化属性，但是旅游必须要建立在坚实的经济基础之上，并通过一些物质形式表现出来；另一方面，旅游之所以会产生那么多的文化产品，并不仅仅是因为经济，更因为一部分游客在这个过程中追求的是文化享受。因此，旅游活动是以一定的经济支出为前提的文化享受行为。

### （三）旅游文化是一种融合文化

旅游文化是由客源文化、东道文化和服务文化互相交流、互相融合而形成的一种独立的文化形态。这种文化的主体主要包括两部分，首先是游客，其次就是旅游的对象，前者产生了旅游的诸多相关产品，后者则是旅游产品的主要内容。所以无论是旅游文化的内容，还是文化产品的形成过程，都具有综合性的特征。

### （四）旅游文化的主体背景具有多样性

游客来自世界各地，都有自己的文化背景，同时，游客的足迹有可能踏遍地球上的每一个角落，与各种不同的东道文化相融合，因此这些旅游文化虽然在空间上存在于整个人类社会，但是不同区域的旅游文化有着不同的表现和特征。同时，旅游文化有着不同的主体，不同的主体在旅游文化中所扮演的角色不同，并且通过不同主体表现出来的旅游文化也有较大的差异性。这些情况都体现了旅游文化的多样性。

### （五）资源文化是旅游文化的重要内容

资源文化作为东道文化的重要组成部分，与通过游客与相关的就业人员体现出来的旅游文化是有所不同的，后者是通过在旅游过程中和就业过程中服务与被服务关系的相对转变而体现出来的，而资源文化却是在游客逐渐增加的需求之下被不断挖掘出来的。一般来说，自然资源的旅游文化是由地理位置决定的，这就造就了不一样的民俗旅游文化，这种文化不仅反映了当地的传统文化和人文精神，还对游客起到了文化上的引导作用，这也是东道文化和客源文化相互交流与相互融合的重要内容。

综上所述，旅游活动作为经济发展的特殊产物，既标志着一种独立文化形态的产生，又是一种特殊的文化现象，同时其对文化关系的调节也有很大的作用。从地域角度来看，不同的地区有不一样的旅游资源，从而也会产生不一样的地区旅游文化；从游客角度来看，在受到地区旅游文化的感染之后，游客又将这种别样的旅游文化带回自己的家乡或者带到其他的地区。

## 第二节　旅游文化的本质与特征

在激烈的市场竞争下，我国当前的旅游经济面临着巨大挑战。为了进一步促进旅游业的发展，加快我国旅游业走向国际化、现代化的步伐，我们必须将发展旅游文化作为一项根本任务去完成，并将旅游文化的发展作为保障旅游经济发展的坚实后盾。为了促进旅游文化的进一步发展，我们应该对旅游文化的定义原则、内涵与本质、主要特征等内容进行深入探究，从而保证其能够健康有序地发展。

### 一、定义旅游文化的原则

#### （一）整体性原则

定义旅游文化的首要原则就是整体性原则，它指的是人们在定义旅游文化时，必须立足于旅游文化的整体性，无论人们在探究的过程中经过了怎样的分析、讨论，在最后进行定义时都不能将其分成若干个部分分别进行定义，而是要总结到旅游文化的整体上来。此外，如果我们要对旅游文化的本质进行深入探讨，就有必要将其划分为主体、客体和中介三部分，但仍要遵循整体性原则，这是保证对旅游文化进行科学性、合理性定义的重要前提。我们在对旅游文化进行定义时，之所以要强调整体性的重要作用，是因为我们要充分考虑它所包含的各个部分之间存在着的一种十分紧密的内在联系。

#### （二）逻辑性原则

定义旅游文化时要遵循逻辑性原则，它主要包含两个方面的内容：一方面，在定义过程中应避免以偏概全和以点带面等现象，定义时的每一步推理、每一次判断都应该时刻遵循逻辑规范。从这个角度来看，作为旅游文化的三个重要组成部分，即旅游主体文化、旅游客体文化和旅游中介文化都发挥着重要作用，绝不能简单地用“部分＋部分＝整体”的逻辑去对其进行定义，更不能将其中单独的一部分或两部分等同于旅游文化。另一方面，在实际的定义过程中，要注意用基本的逻辑规范去约束所使用的表述语言，类似于“旅游文化就是……各种旅游文化现象的总和”这样存在一定逻辑错误的表述是一定不能出现在最终定义中的。这就要求我们在定义旅游文化时应首先搞清楚基本的逻辑方法和逻辑思维，并在定义过程中严格遵守逻辑规范。

### （三）对象性原则

在定义旅游文化的过程中，应该遵循对象性原则，也就是说，研究视角应该是由研究对象来决定的，而绝不能由研究视角来决定研究对象。我们在这里定义的对象已经十分明确，就是旅游文化，但在这种情况下，我们还是可以通过几种完全不同的方法、视角来定义旅游文化，但是无论方法如何不同，视角如何变化，定义的对象始终是旅游文化。在定义旅游文化时遵循对象性原则，有助于我们更好地探究旅游文化的本质，并对其有更加深刻的理解。

## 二、旅游文化的内涵与本质

### （一）旅游文化的内涵

作为旅游文化研究中的一项重要内容，旅游文化的内涵是研究旅游文化的基础。从广义上来说，旅游文化是人类创造的与旅游有关的物质财富和精神财富的总和。从狭义上来说，旅游文化主要是指游客和旅游业经营者在旅游消费和经营服务中所反映、创造出来的观念形态及其外在表现的总和。它是旅游客源地社会文化和旅游接待地社会文化通过游客这个特殊媒介相互碰撞的过程和结果。旅游文化不是旅游和文化简单地相加，也不是各种文化的“大杂烩”，而是一种全新的文化形态。它既包含饮食、园林建筑、地理、民俗、自然景观等旅游客体文化，又包含游客自身的兴趣爱好、思想信仰、文化素质、行为方式等文化主体，更包含旅游业的管理文化、服务文化、导游文化、商品文化等。

### （二）旅游文化的本质

旅游文化本质上是一种人类文化，是伴随着人类旅游活动的产生和发展而逐渐形成、融合和发展的一种文化，从这个角度来说，旅游文化的本质应该包含以下五个方面的内容：

第一，因为其是在具体的旅游活动中产生的，所以旅游文化实际上是一种原生性文化，也就是说它的产生和发展都是随着我们人类的旅游活动而产生的，如果没有人类的旅游活动，也就不会产生所谓的旅游文化，人类旅游活动的产生和发展是旅游文化产生和发展的重要前提和基础。第二，作为一种被整合而成的文化，旅游文化又可以被看作一种非原生性的旅游文化，在人类旅游活动的发展过程中，游客和旅游业经营者逐渐将文化整合到旅游活动和旅游经营活动中去，旅游文化由此形成。第三，旅游文化中既有静态的文化现象，也有动态的文化活动，它是一种将二者进行统一的文化，也就是说，旅游文化既可以指旅游文化活动，也可以指旅游文化现象。第四，文化本身就是物质和精神相统一的产物，旅游文化当然也不例外，它也是物质外显和精神内涵的统一。在物质方面，旅游文化主要包括服饰、饮食、园林建筑等客观有形的存在，在精神方面则包括审美追求、思维方式等无形的事物。第五，创新是文化的本质，因此旅游文化绝不是将旅游和文化简单相加后得到的产物，更不是种种不同文化的杂糅，它实际上是旅游活动和文化相互交融后产生的一种过渡性文化，是一种全新的文化形态。

## 三、旅游文化的特征

### （一）双向扩散性

作为一种移动的传播文化，旅游主体的运动往往会带动不同地域的文化在广阔的空间和时间范围内不断地进行扩散和漂移。在这一过程中，旅游主体身上所带的客源文化、民族文化和带有强烈主观色彩的价值观念、思维和行为方式等都会被自觉或不自觉地扩散和传播到目的地，从而对目的地文化造成冲击和影响。与此同时，旅游主体也会受到旅游目的地文化的吸引和反作用，并在一定程度上容忍甚至接受目的地文化，从而背离自己原有的客源文化。在这种情况下，旅游主体在从旅游目的地返回客源地之后，目的地文化在不知不觉中已经被带到了客源地，并对客源地的旅游文化产生了潜移默化的影响，这就是旅游文化的双向扩散性。这种看似平等的双向扩散实际上存在着很大的不平等性，因为从较长一段时间来看，目的地文化所受到的客源文化的冲击往往较为严重，甚至目的地传统文化会被客源文化彻底瓦解，而旅游主体和客源文化所受到的影响则远远没有那么严重。

### （二）民族性

民族性也是旅游文化的一个重要特征。旅游文化的表象和内涵往往因民族的不同而存在比较明显的差异，以旅游性格（旅游主体的旅游性格）为例，内敛稳健是大多数中国游客的性格特征，而西方游客则多表现为热爱冒险、开朗外向；对于中国游客来说，内心体验在旅游中占据着比较重要的位置，而西方游客则多重视外在观察；道德塑造功能在中国游客眼里是旅游的重要目的，而西方游客则多重视旅游的求知价值。在旅游过程中，旅游文化的民族差异能使不同民族各具风格和特色的民族风情得以展示。

### （三）地域性

地域性是旅游文化的又一重要特征。旅游文化的地域性特征在很多方面都有体现：首先，我们可以从旅游资源在空间分布上的差异中看到，无论是东北还是华北、西北，无论是华东还是华中、华南，地域上的特征都是显而易见的，而且这种地域上的差异往往具有十分显著的文化韵味和文化魅力；其次，旅游动机的差异也是印证旅游文化存在地域性的有力证据，经济发达地区的广大游客出于对原始风貌和原始生存状态的向往，往往会选择去欠发达地区旅游，而欠发达地区的游客则憧憬着大都市的繁华，从而希望去现代化、国际化的城市旅游；最后，我们还可以从不同地域在文化传统上存在的差异中看到旅游文化的地域性，不同地区的文化在其旅游文化中都会有不同的体现和表达。

（四）大众性

随着经济社会的不断发展和人们生活水平的显著提升，旅游已经成了人们生活中的基本需求之一，现代旅游已经越来越向大众旅游靠拢，旅游文化也发展为一种大众文化。但这并不是说旅游文化越来越低层次和低俗化，也不是说原本为少数社会精英和上层社会人们所拥有的雅文化被旅游文化所摒弃，而是说旅游文化已经逐渐成为雅俗共赏的大众文化，这是旅游文化与时俱进的结果，也是旅游文化得以蓬勃发展的重要原因。

在当前旅游业竞争激烈的情况下，旅游文化的重要性已经开始凸显出来，这就要求我们不断加强对旅游文化的重视程度，只有这样才能使中国的旅游业取得更进一步的发展，使旅游文化成为新时期旅游业发展的经济增长点。

## 第三节　旅游文化的内涵挖掘策略研究

旅游文化是旅游业发展的灵魂，中国旅游业要想获得较大的发展，立足于世界旅游强国之林，就必须高度重视旅游文化建设，深入挖掘旅游文化的内涵，营造旅游文化氛围。本节主要阐述旅游文化的内涵挖掘现状，并根据现状提出相应的策略，为我国旅游业的可持续发展提供可靠依据。

# 一、旅游文化的内涵挖掘现状分析

## （一）没有抓住旅游文化的实质

无论是自然旅游资源还是人文旅游资源，要激发游客的旅游动机，就必须具有独特魅力，必须有极具特色的民族文化和丰富的地方文化，以此来满足游客对科学、历史、文学、艺术和社会学等方面的不同需求。开发商在发展旅游业的过程中应优先发展旅游文化。但是，随着旅游地区商业化趋势越来越明显，许多旅游地区的文化产品千篇一律，毫无特色可言，其根本原因是开发商没有抓住旅游文化的实质。

## （二）旅游文化的内涵无特色

旅游的灵魂是文化，没有文化就没有旅游。发展旅游业是传承和弘扬我国历史文化的重要载体和有效形式，保护和利用优秀文化产品是发展旅游业的基本要求，挖掘旅游文化内涵、提高旅游文化品位是旅游业兴盛的重要保障。旅游发达地区的旅游业收益越来越不依靠游客的数量，而是靠包含多元文化的旅游产品和特色旅游服务。旅游与文化交融结合的程度越高，旅游文化因素越多，旅游经济就越发达。当前，我国大部分旅游地区的旅游产品总体上表现出小、差、弱、散的特点，旅游产品的文化内涵挖掘不够，展示方式陈旧，市场竞争力不强。旅游文化产品一般化、同质化现象明显。“一流资源、二流开发、三流服务”的粗放型增长方式尚未得到根本转变，具有较强吸引力的特色文化精品和高端产品较少。

## （三）旅游文化的内涵满足不了游客的需求

随着人们生活水平的逐步提高，人们越来越注重精神需求的满足。但由于旅游地区的商业化日益严重，各地区的旅游景点正在逐步走向同质化，致使游客无法体验旅游文化更深层次的内涵。

### （四）旅游文化的内涵忽略了可持续发展

在某些地区的旅游开发中，开发商为了一时的经济效益，使该地区的旅游开发越来越城市化、趋同化，忽视了旅游区当地的文化精神，进而致使旅游产品失去了其本身所特有的文化内涵和底蕴，同时也忽略了当地旅游文化的可持续发展。

## 二、深度挖掘旅游文化内涵的策略

### （一）对旅游文化内涵进行准确定位

随着时代的发展，旅游业的竞争也日益激烈，其竞争的根本在于满足游客不同程度的需求。因此，旅游景区必须坚持自身特色，明确自身定位，突出自身文化优势。对于一个以旅游为主要产业的地区，该地区文化的定位就显得尤为重要，可以通过对该地区的未来规划、旅游文化品牌、历史属地关系、经济实力、历史文化底蕴、交通等方面进行分析和探讨，消除对该地区旅游文化的模糊认知，明确该地区的旅游文化定位，从而进行科学规划，努力将该地区建设成一个高品位的、富有独特文化内涵的旅游胜地。

### （二）寻找合适的旅游文化内涵发展载体

旅游文化载体是旅游文化的表现形式，它直接关系到旅游文化内涵的表现效果。从游客感官的角度，可以将旅游载体分为单一感受载体和多层次感受载体。单一感受载体是指那些仅仅吸引游客单一感官的载体，它们通常是一些静态的景观，如植物、建筑、园林等；多层次感观载体是指能吸引游客多种感官的载体，如歌舞表演、游戏、节庆活动、游客参与项目等。这两者可与旅游目的地的实际情况相结合，来表达旅游文化，提升文化主题，创新文化载体。此外，还可适当开发富有当地特色的文化旅游产品。

### （三）完善彰显旅游文化内涵的配套设施

只有完善的配套设施才能使旅游文化不断得到传承和发展。旅游地应注意旅游交通、旅游酒店、旅行社、旅游产品等对展现当地特色文化内涵的作用。在旅游地区建设的星级酒店、经济型连锁酒店、农家乐民俗住宿餐饮集群、大型旅游餐饮服务区等，应满足游客对旅游文化内涵的需求，表现出富有当地特色的旅游文化。四川九寨沟周围的酒店很多都体现出了九寨沟独特的藏羌风情，如九寨沟喜来登大酒店，其建筑风格具有藏族风情，里面的陈列品、饰品等大多都是地道的藏族物品。

### （四）不断凸显旅游文化内涵的特色

旅游文化内涵的特色是旅游业发展的常青树。一个地区的旅游业若缺少了自己本地的文化底蕴，便失去了特色，不能反映出本地独有的精神内涵，也就失去了强大的吸引力。因此，应不断凸显旅游地区的旅游文化内涵的特色，在其深度与广度上下功夫。要充分挖掘本地区最独特的文化魅力，将其不断发扬光大。例如，北京以四合院为代表的胡同文化独具一格，它不仅在建筑上，还在文化、哲学和精神层面具有无与伦比的代表意义，对胡同文化的挖掘也是一个不断深入的过程。

### （五）实施全方位的旅游文化内涵营销战略

营销对旅游业发展的重要性不言而喻。旅游文化内涵的传播也要依靠营销战略这个有力的武器。实施全方位的旅游文化内涵营销战略首先要找出当地最鲜明的文化，着力打造其内涵，使其形成品牌，然后借助各种途径充分进行宣传营销。如借助微信、微博等新媒体平台，报纸、杂志、电视等传统媒体平台。应加强区域联合营销，共同打造富有文化内涵的特色旅游线路，以节庆、会展等活动来培育、引导市场，从而发展旅游文化的内涵。如西安、洛阳、开封等地文化古迹灿若群星，在发展旅游业时，就可将这三地连成一线，形成蔚为壮观的中华古代文明黄金旅游文化线路。

### （六）通过市场化手段加强旅游文化内涵管理

旅游业的可持续发展缺少了市场便缺少了生机与活力。市场化运作对旅游文化的内涵起到了积极的推动作用。在具体的实施过程中，应洞悉广大游客的需求，结合当地特色文化对旅游产品进行开发，如成都的古蜀国文化，通过开放金沙遗址使其文化内涵得到彰显。还应积极探索旅游文化内涵管理的市场模式，成立专门的市场管理机构，建立相应的市场管理机制，以强有力的市场化手段对旅游文化内涵进行管理。如成立专门的旅游文化品牌管理企业协会，通过企业的作用使文化内涵得以被保护、传承和弘扬。

## 第四节　美学视野下的旅游文化

良好的旅游文化是旅游业可持续发展的保证。在当前形势下，将旅游文化放在美学视野下进行重新审视，注重其文化性、艺术性，对发展旅游文化具有积极的意义。

### 一、问题的提出

随着我国社会经济的快速发展，旅游越来越成为当前人们主要的生活方式之一，因此旅游业也成了地区经济发展的重要途径之一，有些地区更是把旅游业当作本地区的支柱产业。虽然旅游业在地区发展中发挥了其产业优势，也取得了一定的成果，但在发展中也凸显了一些普遍性的问题，这些问题归结起来就是：虽然旅游地为吸引游客使出浑身解数来打造旅游文化，但满怀期望的游客还是常常对旅游文化感到不同程度的失望与不满。这就导致了这样的结果：对游客来说，他们不能从旅游地提供的旅游文化中获得一种满足感，从而会对旅游的最终评价偏向否定；而对旅游地来说，精心打造的旅游文化却得不到游客的认可，这会使其产生挫败感，进而影响旅游业的可持续发展。旅游文化是连接游客和旅游地关系的核心要素，也是解决游客和旅游问题的关键因素，旅游地如何利用当地文化资源打造旅游文化来满足游客的期望和要求，就成为旅游业良性发展的重要问题。

## 二、对旅游文化的理解

理解旅游文化，我们要先来看看旅游文化应该怎样满足游客的精神需求。满足游客的精神需求是一件既简单又复杂的事情，说简单是因为旅游就是游客到一个新的文化环境中去看、去听、去感受不一样的事物，一般情况下，旅游文化都能满足游客的需求；说复杂是由于游客的个体差异会使其对旅游文化的需求不同，因此旅游文化呈现出异常复杂的状态。旅游文化要同时满足这么多人的文化需求和精神需求，似乎是一件不可能的事情。但是，如果我们以美学的视野来考察旅游文化，从人们对文化的追求上升到对艺术的追求中，似乎就可以找到一点线索、答案和规律。我们发现，人类创造文化、创造艺术的过程其实就是人类在不断地认识对象，不断地寻找自己、发现自己并追求一种更高的境界，从而使自己的内心得到满足、得到升华的过程。也就是说，文化提供了对对象的不同认识，而艺术是对文化的提升，其是反映出一种文化所达到的高度的概念。虽然这种艺术性在达到最高境界的过程中有一个发展的过程或是呈现出多层次性，即从粗糙到精致、从简单到复杂、从感官到内心等，各种文化事项表现出的艺术程度是不同的，但这种艺术性能够让人们的感受直达到精神的某种高度，从而使其获得某种心灵的满足。因此，艺术的这种层次性也对应着不同的游客，虽然不同的游客有着不同的文化需求和精神需求，但他们最终都能从旅游文化及其所表现出来的艺术性中得到不同的美感或不同的精神满足。所以，旅游文化也应如此，既有文化性也有艺术性，它既要让人们的感官感受到不同的文化，又要让人们感受到精神上的惬意、放松，并且使其在享受艺术美感的同时，心灵得到满足，生命得到升华。

## 三、从文化到艺术——旅游文化发展的方向

目前，旅游地所提供的旅游文化的表现形式，如重构、原生态、文化

改造、异质文化引进、多文化并存、文化表演展示、传统与现代文化混合等，都可以继续成为展示旅游文化的方式。因为它们成功地吸引了无数的游客，使游客在旅游中初步接触、认识、了解到了不同的文化，感受到了不同文化带给他们的别样的文化体验，同时这些文化感受和体验也能满足不同游客的精神需求。当然，这些旅游文化模式也有很多不足之处，它们要么割裂了旅游文化和本地文化的联系；要么文化变质、被改头换面或因以新的面貌出现而显得异常另类；要么以单个的、孤零零的方式展现文化内容，使游客感受不到整体文化。在这些模式下，所表现出来的文化失真、文化虚假问题最为严重，相关部门有必要对这些旅游文化模式进行持续的改善。而在改善的过程中，要把握好旅游文化和本地文化的关系，即旅游文化不能脱离本地文化的土壤，即使需要采用一种夸张、突出、张扬的表现方式，也要将其放置在本地的文化生态环境中来表达，这样才能让游客感受到旅游文化的"真实"，从而体会到文化对人们生存、生活、发展的意义，并从中得到不一样的收获。

旅游文化的文化性、艺术性、商品性，决定了旅游文化可以被看作一件畅销的艺术品，其不仅要遵从大众的文化需求，还要遵从艺术和商品经济的规律。从这个角度来说，旅游文化应该在不同的层面满足不同游客的需求。从文化性方面来说，在打造旅游文化时，要尽量体现一种"真实性"，如在饮食、服饰、建筑、交通、住宿、民间歌舞、生态环境、自然景观等方面。也就是说，对这些表层文化的利用要保持一个度，这个度既包括文化性方面也包括艺术性方面，否则不仅会使旅游文化显得虚假、脱离本土文化，还会使表层文化危及深层文化，慢慢破坏本地文化的原有结构和功能，从而引起文化冲突，引起当地人的排斥、反感，甚至抵制，进而产生很大的负面效应。

旅游是一种复杂的人类文化活动，但不管是何种模式的旅游文化，笔者认为它都应该表现出"文化要真实，艺术现高度"的特点。因为只有这样，人们对一种文化的体验和感受才能从感官上升到精神，甚至灵魂，才能更充分地发挥旅游文化的内在功能，从而使旅游地富有文化魅力，吸引更多的游客。文化包罗万象、内容庞杂，仅仅通过对一种异质文化的体验，游客只能体会到一种文化的不同性，不能领略到该文化的精神内涵和高度。只有通过艺术，才能展现出这种文化的精髓，游客才能真正领略这种文化的意蕴，即体会到它的情感、精神、风骨等。这样，游客就会受到这种文化的感染、影响，从而对旅游文化特殊的表现形式、特别的发展脉络、丰富的内涵有他们自己不同的理解和想象。这种理解和想象的过程，其实就是游客从一种异质的文化中寻求自我的过程，并在此过程中认识自己、理解自己、满足自己。于是，游客的文化体验得到了提升，并从中发展了自己、提升了自己，这时，旅游文化才真正对游客产生影响，因为这样的旅游文化更像一种文化交流，交流者能在交流的过程中得到提升。因此，旅游文化应该在展现各种文化事项时显露出艺术性，这种艺术性不仅能带给游客美的享受、精神的放松、情感的升华，而且能够激发游客的想象力，使他们在想象中发现自己、认识自己、提升自己，从而使其心灵得到满足、精神得到振奋。因此，从文化走向艺术，才是旅游文化发展的方向，才能满足当前人们对旅游的多重需要。

## 第五节　地区旅游文化的意义与建设

地方旅游业的发展以地区经济发展为目的，以建设地区的旅游文化为重要手段。目前，地区旅游文化的建设还存在许多问题，这些问题对旅游业的发展产生了巨大的负面影响。下面笔者将就旅游文化经常出现的问题进行分析，并提出一些相应的建议。

### 一、进行地区文化建设是旅游文化建设发展的必然

旅游业要想产生效益，关键在于提高本地旅游业的吸引力。使旅游业

产生吸引力的主要因素包括优美的风景、独特的旅游文化、特殊的商品等。在这些因素中，优美的风景会受到季节、工业发展、景区承载量等因素的限制，单纯以优美的风景作为景区特点，对游客的吸引力是不足的。在经济全球化、生产力高度发达的今天，很少发生某种商品只能在某个地区销售的现象。一旦某种商品有吸引力，生产厂商就会尽量提高工厂的生产能力，并将商品销售到有需求的、能够获得可观利润的每一个角落。地方如果想靠特殊商品获得旅游吸引力，明显是与现代化的生产相矛盾的，不符合经济发展规律。

独特的旅游文化具有以上两个因素不具备的优势。首先，旅游文化不受季节的限制，且因其地域性的特点而具有天然的独特性，甚至唯一性，旅游文化的这些特性能够明显提高旅游业的吸引力。其次，旅游文化是可持续发展的，随着时代的变化，旅游文化会不断产生新的特色，旅游文化的可持续发展会使地区旅游业一直保持吸引力。最后，旅游文化对精神需求较高的人群，特别是对高级知识分子具有独特的吸引力。

## 二、当前地方旅游文化塑造所存在的问题与建议

### （一）当前地方旅游文化塑造所存在的问题

#### 1. 盲目跟风现象严重

地方在建设旅游文化时，出现了严重的盲目跟风现象，这是因为该地没有充分认识到文化特色的真正含义。例如，电视剧《西游记》在我国热播时，许多地方都兴建了西游记主题公园，以吸引游客而获得经济效益。然而，随着《西游记》热播的结束，这些人造景点由于缺乏吸引力，纷纷倒闭，这不仅造成了大量的资源浪费，还给地方经济带来了极大的损失。这一典型案例充分说明，地方在进行旅游文化塑造时不能盲目跟风，要结合当地实际，有自己的特色。

#### 2. 没有考虑到文化产生的辐射作用

文化具有辐射作用，首先是对景区居民的生活影响较大。例如，一些

地区为发展旅游业，而使一些古城维持原有的面貌，如不准使用电线，不准用自来水，甚至不能有燃油车出现。这些规定虽然使古城产生了独特的吸引力，但是对于在古城生活的居民来说，长时间脱离现代社会的生活方式，会给他们造成巨大的影响。

#### 3. 只在景区内进行建设

许多地方在进行旅游业建设时，将精力集中于景区的建设，而地区整体水平的建设则落后于景区建设，尤其是基础建设。从游客对旅游地的印象和反馈来看，景区固然是首要因素，但是，地区的基础条件也是影响游客感官的重要因素。当今许多地方投入重金进行旅游形象建设，但是往往会因为少量的负面新闻就使前期斥巨资建立的旅游形象轰然倒塌，从而造成惨重的经济损失。

### （二）关于地方塑造旅游文化的建议

#### 1. 地方塑造旅游文化要进行严格的论证

相关部门必须先对地方的旅游资源进行考察，以确定适合塑造的文化内容，还要对旅游文化对地方产生的影响进行充分的调研和预估，并对旅游文化产生的经济效益、社会效益进行严格评价。

#### 2. 地方塑造旅游文化的规划要科学化、系统化

旅游文化的文化辐射作用会对地方产生深刻的影响。在引入文化或唤醒文化时，地方不能只考虑其带来的经济利益，还要系统考虑其对当地现有文化所产生的影响，对人们生活方式所产生的影响，以及对地区总体经济发展所产生的影响。

# 第六节　现代旅游文化的营销运作模式

旅游文化营销属于一种新兴的旅游产品营销方式，对旅游市场的发展具有非常深远的影响。旅游文化营销结合了旅游文化与市场营销，开发的旅游产品具有前瞻性，同时旅游视角也较为独特；它的存在促进了旅游业向现代化方向发展，构建了较有特色的旅游文化，进而促进了旅游产品的可持续发展。

## 一、现代旅游文化的营销特点

### （一）现代旅游文化营销的时代特点

任何旅游产品所体现的旅游文化都呈现出时代特点，旅游文化营销属于文化附加值，对于相同的旅游资源，不同的时代产生了不同的文化意识，这是客观景色变化以及主观意识变化的结果。随着经济的不断发展，旅游文化产业呈现出鲜明的时代性特点，消费者旅游产品文化需求也呈现出持续变化的状态，不同时代的消费者所需要的旅游文化也存在着非常大的差异，这直接影响到现代旅游文化营销的发展。在开展旅游文化营销的过程中，需要使其与时代文化、意识形态发展之间实现同步，并以此来构建具有吸引力和影响力的旅游产品。

### （二）现代旅游文化营销的引导特点

旅游文化营销属于营销手段，目的在于引导游客旅游消费，因此旅游文化营销需要有强烈的引导性。目前，一些旅游产品的开发者与旅游市场的参与者在经营以及营销中缺乏科学认识，往往会将引导目的集中在经济效益方面，进而出现零团费、低价团等相关旅游产品。这种导向是错误的，它无法使旅游市场健康发展。理性化的旅游产品需要尊重消费者的消费需求，不仅要做好消费者的引导工作以及调整工作，还要做好消费者消费欲望的培养工作与挖掘工作。旅游文化属于无形资源，旅游产品是其重要的价值载体。旅游地应在旅游市场可持续发展的前提下，做好旅游产品潜在性文化需求的挖掘工作。

## 二、现代旅游文化营销运作现状

### （一）旅游文化产品层次不深

旅游文化理念的加入，大大提升了旅游的附加值。目前，旅游业渐渐摆脱了凭借游客数量获得收益的传统模式，更加注重景点文化内涵的深层次挖掘，这也是旅游业发展的关键。实际上，旅游业的相关经营者在进行旅游文化深层次挖掘的过程中存在着理念匮乏的问题，往往只是针对景点、景区、旅游线路等进行简单改造与开发，并没有从文化角度来深层次解读旅游环境，这就使得旅游文化产品的层次不深。

### （二）旅游文化营销对策过于单一

在经过一次旅游后，游客已经熟知了该地，这就使其对该游客不再具有吸引力，相关经营者往往会通过降价的方式来激活该地旅游文化的生命力，但是这种方式并不是科学合理的。究其原因，还是相关经营者对景点文化的内涵挖掘不够，旅游文化营销宣传策略也存在着方法过于单一的问题，除了大量投入广告，其他出彩的宣传方式屈指可数，宣传立体感并不强，持久性比较差。考虑到游客旅游的时间较为集中，旅游业相关经营者往往会将宣传重点放在中秋、国庆等假期上，这就使得大批游客在短时间内涌入景区，使得游客体验大打折扣。

### （三）旅游文化主题缺乏个性

景区生命力与吸引力集中在景区主题上。特色化主题以及个性化主题能够吸引更多的游客。诸如，以“丝绸之府”“鱼米之乡”而闻名的江南水乡——乌镇，其打造的淳朴秀丽的水乡景色，极具文化内涵的民俗节目以及独具风味的民间小吃，吸引了全国各地的游客。旅游文化主题属于旅游文化的营销核心，也是提升旅游业竞争力的关键。旅游属于大众化审美过程，但是众多旅游景点与旅游景区都存在着跟风现象，这就使得众多景区千篇一律，缺乏吸引力。总之，旅游文化主题特色与主题个性对景区的长远发展具有非常大的影响，景区不可盲目跟风。

## 三、现代旅游文化的营销运作模式分析

### （一）将市场作为产品发展的归宿

产品引导型的旅游文化营销重点是要明确旅游产品在旅游文化营销中的核心作用，将其作为文化营销的起点，并使其最终顺利回归旅游市场。产品引导型旅游文化的营销方式的关键在于制造旅游需求，相关经营者应充分挖掘旅游产品的文化特征，并最终将其转化为旅游市场内的旅游需求。旅游文化营销并不只是扭曲以及改变自身，而是需要充分挖掘产品的旅游文化，并且需要将旅游文化与旅游营销有效结合起来。旅游产品推广是目前产品引导下实现旅游文化营销的根本，经营者要想使营销目的完全替代文化传播目的，那就需要提升旅游产品的文化特征，展现旅游产品的文化特色，做好游客消费需求的挖掘工作以及培育工作。一部分产品的引导式旅游文化营销更加注重打造产品文化，这样虽然可以拓展产品的文化属性，但是投入的开发成本也比较高，无法有效促进旅游文化的发展，甚至可能导致旅游营销无法实现市场的良性发展。因此，产品引导型旅游文化营销需要对文化类活动进行重点考量，促使旅游文化产品能够在更大的范围内传播。例如，文化展览会、节庆活动、学术类讲座等，明确旅游产品的文化焦点，最终促使旅游产品能够真正融入旅游市场。该类营销行为的关键在于旅游消费者能够真正地认同旅游产品的内在文化价值，这就需要经营者对旅游产品文化属性有深入的把握，这样才能够借助宣传渠道来充分推广旅游产品。

### （二）重视文化因素

旅游产品在实际发展过程中，需要结合市场需求及时更新，同时结合目

前的文化发展趋势以及流行趋势进行调整，以实现整合与优化。在设计相关旅游产品的过程中，还需要特别关注该产品是否实现了文化与市场之间的沟通与互动。在旅游产品设计过程中，相关人员需要进行充分调研，对市场与文化之间的具体发展情况进行调查与研究，这样才能够保证所设计的旅游产品能够满足目前旅游市场的发展需求，从而提升旅游产品的价值。因此，为兼具自然风光与人文风光，旅游产品在设计过程中需要实现时代感与市井文化之间的平衡，以使该旅游产品能够成为市场中的旅游文化热点与旅游文化焦点。

## （三）尊重市场需求

旅游文化营销核心在于旅游市场，这也是旅游文化的营销核心与出发点。营销者应结合市场观察和分析旅游文化营销行为，充分考虑旅游消费者的文化需求，进而设计出更加具有针对性的旅游产品。在旅游产品设计过程中，抽象文化要素渐渐形成了具体文化属性，最终形成了独具特色的旅游文化产品，这也是旅游产品使用属性方面得到拓展的表现。旅游产品是文化与具体使用功能的结合，相关经营者应将旅游市场看作出发点，充分考量旅游产品的文化价值及实际价值，以提升旅游产品的影响力。以南京为例，作为六朝古都，其旅游资源以历史文化类为主，但是不能仅仅实现南京历史文化的产品化，而是需要全面观察市场，构建综合性旅游文化营销模式。因此，在现代旅游文化营销过程中，需要重点考虑市场因素，结合消费者的经济实力以及文化需求等，将其充分考虑到旅游产品的设计中，构建独具影响力的旅游文化。

总而言之，现代旅游文化发展主要是期望能够实现文化具体化，将文化作为重要的出发点，将文化看作市场和产品沟通的重要媒介。实际上，文化不仅是发展旅游业的渠道，还是促使旅游产品发展的重要元素，它是旅游产品的灵魂。在进行现代旅游文化营销时，需要明确旅游营销的核心，结合现代旅游发展的实际情况，将文化看作核心生产力，明确旅游产品发展的根源性力量。现代旅游文化营销运作核心在于实现旅游文化的发展，借助文化方式来完善和发展旅游产品。旅游文化营销实际上就是增加旅游产品的文化价值，给予游客更加丰富的文化体验。在进行现代旅游文化营销时，需要客观对待大众旅游消费的心理变化，培养旅游文化的服务意识和品牌意识，通过良好的旅游文化体验来提升游客的满意度，以促进旅游业的发展。

## 第七节 旅游产业与旅游文化融合

旅游与文化之间天然具有联系，文化是旅游的灵魂，旅游是文化的承担者，两者只有相互融合才能焕发生机和活力。本节通过对旅游产业及旅游文化之间的融合发展展开研究，针对这两大产业在融合发展中存在的问题，从多角度提出相应的解决策略，以此来提升两者的融合水平。

### 一、旅游产业与旅游文化融合发展的意义

#### （一）融合发展的必然性

第一，现代产业融合发展的客观要求。随着经济服务与技术更新的发展，产业融合已经成为一种新兴的经济现象。产业融合不仅能够提高产业竞争力，更能够为经济转型提供发展动力。第二，本质属性相同。从属性情况来看，旅游产业及文化产业是同时拥有经济属性、文化属性的综合性产业。从特征来看，旅游产业和文化产业都具备创造性、地域性、传承性等特征，两大产业融合发展能够实现旅游与文化的相辅相成、互动共赢。第三，产业互补。文化体验会伴随旅游的全过程，随着体验经济的快速发展，文化产业需要借助载体来实现其市场价值。随着旅游产业的升级，游客需求逐步多样化、高级化，这些都会促使旅游产业寻找突破口来迎合游客的高层次需求，进而推动旅游产业与其他产业的合作与融合。

### （二）融合发展的重要性

一方面，有利于保护及传承地方的优秀文化。事实上，旅游过程就是对地方文化的体验过程，通过各种旅游活动能够让游客了解、认识地区文化及民族文化，同时随着游客的增多，地区文化及民族文化也能够得到广泛传播。依托地方独特的文化资源实现该地区旅游业的可持续发展，这不仅能够增强地方旅游的核心竞争力，还能保护及传承地方优秀文化，提高地方的软实力。另一方面，有利于推动旅游业的优化升级。随着我国旅游业及体验经济的快速发展，观光型旅游已经难以满足游客日益增长的旅游需求。然而，现阶段许多地方的旅游产品依然是观光型产品，如果将旅游产业与文化产业相融合，利用文化来指导、包装旅游产品，就能够丰富旅游产品的文化内涵，进一步提高旅游产业的功能性和文化创意的附加性，进而实现地方旅游产业结构的优化升级。

## 二、旅游产业与旅游文化融合发展过程中存在的问题

### （一）地区与地区之间的竞争愈加激烈

随着当前市场从“供给时代”转向“需求时代”，地区旅游产业与文化产业的融合也面临着激烈的外部竞争。第一，周边类似文化旅游地之间存在竞争性。一些地区与周边地区的文化存在一定的相似性、可替代性，以河北的文化旅游产品为例，河北有金山岭长城、承德避暑山庄等，北京有闻名海内外的八达岭长城、故宫、颐和园等，如此一来，大量游客可能会略过河北的景点前往北京进行观光，从而使许多河北客源被“过滤”“截流”。第二，国内旅游业发达地区与欠发达地区之间存在竞争。文化旅游需要被科学、合理地革新、定位，国内旅游业发达的地区能够更加科学地改革传统文化旅游，也更具开发文化旅游产品的能力。相比之下，旅游业欠发达地区的旅游产业与旅游文化的融合会更加保守，因缺乏竞争的紧迫感，其发展速度也会比较缓慢。

### （二）市场化和创新力度偏低

目前，我国具有市场竞争力、具备一定规模的文化产业集团屈指可数，大多数企业缺乏主导型文化旅游理念的指导，很难对旅游产业与文化产业的有效融合进行科学、合理的定位，从而造成地方旅游产业与旅游文化的融合进展缓慢。

### （三）人才支撑薄弱

旅游产业与文化产业的融合引发市场对旅游文化复合型人才的需求。然而，在复合型人才储备方面，许多地区仍然处于劣势地位，尤其是高新技术型、产业经营型、文化创意型人才等极为稀缺。由于两大产业融合发展的时间较短，许多高校并未增加相关科目，专业的旅游文化产业培训机构也较少，因此高素质的人才储备不足。旅游产业与文化产业融合发展的关键因素就是人才与智力，如果智力支撑缺位，那么必然会导致旅游文化魅力缺失，进而从根源上阻碍了两大产业的有效融合。

## 三、发展路径选择

### （一）路径分析

旅游产业与文化产业融合会形成新的旅游业态——旅游文化产业。从旅游文化产业结构来看，分为旅游主体结构、旅游经营结构和旅游产品结构。事实上，不同产业存在着不同的功能、特点和优势，不同的组合关系会导致融合的结果各异。具体来说，旅游产业融合与文化产业融合有五种典型的融合路径：功能融合、市场融合、技术融合、资源融合、人才融合。

#### 1．功能融合

两大产业都是集文化功能、经济功能于一体的综合性产业，这些功能融入旅游产业，能够使产业更富有文化内涵，并为其注入多样化的旅游形式，增加游客对旅游产品的多样性选择，有助于最大限度地发挥两大产业功能融合的效益。

2．市场融合

在现今社会，旅游业具有巨大的受众市场和强大的空间拓展力，文化产业蕴含着丰富的文化内涵及新颖的时代特色，将文化产业融入旅游产业中，能够弥补旅游市场的空白，使旅游产业市场发展有了现实路径。例如，将地区文化产业示范基地尽可能地分布于知名旅游景区线路附近，如军声砂石画研究院就位于张家界旅游区，游客在购买文化产品的时候通常也会去旅游区参观。

3．技术融合

旅游产品创新需要将技术手段作为支撑，当前文化产业的发展已经具有明显的技术资源优势，将两大产业进行融合，必然能够提高旅游产业的技术水平，优化产业结构。例如，地区政府在为发展地区旅游业而筹办乡村音乐节活动时，可以借助当前最先进的互联网技术、安全技术、环保技术、纳米技术等高新技术，实现文化产业与旅游产业的融合发展。

4．资源融合

利用文化产业中的创新意识和技术能力能够打造出许多新型旅游产品，以满足游客更高层次、更多元化的旅游需求。旅游产业能够为文化产业提供极为丰富的旅游资源，为文化产业发展开拓新渠道、新空间，如借助土家族、瑶族、苗族等 50 多个少数民族的浓郁民族风情设计民族文化旅游产品等。

5．人才融合

人才是区域文化产业与旅游产业融合的推动力和主力军，两大产业的融合会使越来越多旅游产业的专业人才在文化产业相关部门就业，同时文化产业的专业人才也会逐步进入旅游业，通过产业的融合发展，会产生更多的复合型人才。

### （二）推进发展的具体路径

1．制定科学发展规划，突出发展优势

各地方政府及有关部门应对地区旅游资源及文化资源进行合理规划，坚持以科学发展的态度做好两大产业的整体规划。要确保产业之间相互协调，杜绝盲目、低水平的开发；要打造精品旅游文化产品，突出地区优势，将历史文化与人文景观进行有机结合，以整体提升地区形象和旅游文化品位。

### 2．搞好文化营销，培育新兴市场

第一，打造主题文化旅游节。要充分依托地方独特的风土人情、传统文化、传统节日等来壮大文化旅游，如葡萄节、滑雪节、森林文化节等；要因地制宜地拓展相应的旅游特色项目及旅游活动，如攀岩、露营、滑雪、漂流、摄影、绘画等，并辅助开展摄影大赛、展览、旅游发展论坛等，以多角度、多层次地展示、宣传地区文化旅游资源，实现地区文化旅游的快速发展。第二，加强旅游宣传。可以借助国内主流媒体或权威媒体，通过广告推介的形式让更多潜在游客了解景区的特色文化和相关旅游产品，继而吸引其前往体验。第三，利用网络媒体壮大旅游电子商务。顺应时代发展潮流，最大限度地利用网络技术扩大营销，提高景区的旅游服务能力，如构建旅游电子商务系统、建立旅游论坛、推送旅游信息资讯等，为国内外游客提供全面的旅游指南。第四，培育新兴旅游市场。以最大程度留住具有地区特色的城市历史记忆，同时也要开阔视野、发散思维，深入挖掘城市文化资源，实现旅游开发从粗放型向集约型转变。

### 3．强化复合型人才队伍建设

第一，优秀人才引进工程。加强学科建设，优化课程设置，在各大院校开设相关的专业课程，重视产业融合复合型人才的基础教育。第二，为相关人才之间的技术、经验交流创造平台。可以通过交流会、研讨会、访谈会等形式吸引国内外相关人才和学者，学习、消化、吸收相关知识及先进经验，实现文化旅游产业的再创新。第三，组织开展复合型人才在职培训和继续教育，以促进科研与产业的良性互动。

# 第五章　旅游文化传播的理论研究

## 第一节　旅游文化传播与旅游经济发展

近些年，旅游业已然成为中国社会经济发展的重要组成部分。当前旅游业的文化格局具有多样化、多层次的特点，积极传播旅游文化，可以促进旅游业的健康发展，对提高旅游地的经济收益具有巨大帮助。同时，旅游经济的快速发展也为旅游文化的传播带来了便利。本节将针对旅游文化传播与旅游经济发展进行研究。

### 一、旅游文化的重要价值

旅游是新时代大众的一种解压方式，游客会结合旅游景点、旅游文化等选择具体的旅游景点，那些具备浓厚旅游文化的旅游景点常常会成为游客的首选。

旅游文化是一种特殊的文化形式，作用于旅游全过程，其主要表现在游客、旅游景观、旅游设施、旅游服务、旅游活动等方面。旅游文化在旅游业中是宣传工作的重点内容之一，其可以维护旅游经济的健康发展。随着中国与世界各国的交流不断深入，积极宣传旅游文化也有助于提高中国旅游业的国际竞争力。

## 二、旅游文化传播与旅游经济发展之间的关系

### （一）旅游文化传播有效地推动了旅游经济的发展

传播旅游文化不仅能使旅游业经营者的经营管理能力得到提升，而且还能提高企业的经济效益。积极传播旅游文化有助于促进旅游业的健康发展，同时也需要旅游业经营者具备更强的工作能力。在新时期，旅游业经营者要掌握旅游市场变化规律及文化发展规律，经营管理水平的有效改善对增加旅游业的经济效益有很大的帮助。

旅游文化的传播能促进旅游业的健康发展，吸引更多的外国友人来到中国，增进国际交往。在世界各国的经济发展中，旅游业的作用是无法取代的，常见的国际会议旅游、商务旅游活动等，均增加了国家间的交流，提高了经济信息的传递效果。并且，旅游文化的传播，能传递一个国家、一个民族的哲学观念、审美理念等，这在某种程度上丰富了旅游地旅游文化的内涵，对促进旅游业的健康发展有重要意义。

### （二）旅游文化传播在旅游经济发展中受到的影响

首先，旅游物态文化在旅游经济发展的影响下得到了有效传播，人们开始主动发掘民族文化内容，并研究、制作出大量具有本地区民族特色的旅游文化专属产品。积极地推销、售卖具有地区、民族文化特色的产品，不仅可以传播民族文化，还可以增加当地的旅游收益，同时，也有利于加深游客对各地方旅游特色文化的了解，对传播旅游物态文化具有积极影响，有效地增强了其民族认同感。积极地发展旅游经济还可以增大各地物态文化交流的频率，吸引游客亲身体验各地不同的民俗文化。另外，游客所在地的文化和旅游地的文化会产生碰撞和交流，这样有助于各地区物态文化表现形式的多样发展，对促进文化进步、丰富文化内涵具有积极影响。

其次，积极发展旅游经济，提高制度文化建设的规范性，有助于弘扬优秀的民族文化。同时，在文化体验阶段，游客会将认同的优秀文化信息反馈给旅游业，而旅游业则可以通过开发优秀文化的方式，传承地方优秀文化。

最后，人类在交往的过程中逐渐形成了以民风、民俗等形式展现的行为文化。积极地发展旅游经济，有助于宣传民族文化，实现文化的多元发展。在发展旅游经济的过程中，行为文化属于旅游资源中具有较高利用价值的一种资源，很多游客之所以会选择去某地旅游，是被当地的民俗特色、民俗习惯所吸引。所以，在发展旅游经济的过程中，必须凸显当地的民族文化特色。由于文化传播存在双向性，不同地区的游客也会将诸多思想观念带入旅游地，这样有助于优秀文化间的交流，提高发展滞后地区的文化水平。

## 三、通过旅游文化传播推动旅游经济健康发展的对策

### （一）做好旅游信息的宣传工作

在传播旅游文化的过程中，必须做好旅游信息的宣传工作。增强旅游信息的宣传效果，有助于发展旅游业，推动国民经济的快速发展。如果宣传的旅游文化在旅游业发展中出现了偏差，就会使游客在理解旅游文化时出现偏差，进而无法满足其获取信息的需求。游客的需求未被满足，他们就会失望，从而对旅游文化的传播与经济的发展产生负面影响。另外，各地政府部门应联手旅游企业做好旅游信息交流平台的建设，要重视旅游信息的传播效果，要利用旅游信息吸引游客，这样才能有效传播旅游文化，促进旅游经济的健康发展。

### （二）创建“旅游文化＋旅游产业”的产业经济发展新模式

做好旅游功能的科学定位，积极创建“旅游文化＋旅游产业”的产业经济新模式。做好旅游功能定位工作，保证旅游业发展方向的科学性、合理性，有助于旅游业彻底发挥潜在优势。因此，旅游业在发展的过程中要重视特色发展，要加速旅游产业的多样化、特色化、个性化建设，从而实现旅游业的可持续发展。同时，要做好长远规划，不断提高当地旅游产业的名气，积极地对本地区的产业资源进行整合，进而开发出符合本地区现状的旅游项目。

另外，还要研发具有本地区特色的旅游产品，结合市场状况，完成“旅游文化＋旅游产业”的产业经济新模式的创建。

### （三）积极利用大数据

积极利用大数据，打造“互联网＋文化＋旅游”的产业发展模式，可以更好地宣传旅游文化，满足人们对美好生活的向往，还能促进旅游地经济的发展。21 世纪是互联网与大数据的时代，因此，旅游业应积极地融合互联网技术、大数据资源，实现共同发展。旅游业要积极地引入大数据技术，主动开发人工智能设备，提高大数据资源的利用效率，为旅游业的发展提供强劲的创新驱动力。

综上所述，积极地传播旅游文化有助于促进旅游经济的健康发展，从而吸引更多的游客到各地旅游，促进旅游文化之间的交流，进而实现旅游文化与旅游经济在相互作用、相互影响下的共同发展。

## 第二节　旅游与中国文化的跨文化传播

中国文化的跨文化传播是我国综合国力的重要体现。借助我国旅游事业蓬勃发展的契机，将旅游作为中国文化跨文化传播的手段和途径，使游客在旅游过程中，充当中国文化传播的使者，在旅游活动中与旅游地居民和其他国家的游客进行互动交流，在潜移默化中传播中国文化，从而使中国文化在世界范围内得到更广泛的接纳和认可。

但是，我们也要清楚地看到，中国文化的跨文化传播虽取得了一些成就，但其与政治、经济领域的成就相比，仍是国家综合实力中的薄弱环节。例如，由于各国价值观的差异，中国文化在世界中的认同感不足；中国文化的跨文化传播渠道较为单一，对世界的影响力不足。

要实现中国文化的跨文化传播，就要整合各种传播渠道，重视人民群众的智慧和力量。在中国文化的对外传播过程中，长久以来以官方文化交流为主、民间文化交流为辅，但随着各国之间民间交流的不断加强，旅游作为一种民间文化交流形式，其重要性与日俱增，这就为通过旅游进行中国文化的跨文化传播提供了前提条件。

## 一、旅游在中国文化传播中的价值

近年来，我国旅游业得到了迅猛发展。旅游的跨文化传播功能得到了充分肯定，文化与旅游深度融合，是推动旅游业发展、扩大中国文化的影响力、提升国家软实力，促进社会和谐发展的必然要求。旅游在跨文化传播中的优势在于其亲历性。通过旅游进行跨文化传播可以让人们摆脱媒体营造的虚拟环境，在真实的环境中体验文化。在游客进行跨文化交流的过程中，异国文化和本国文化进行碰撞，倘若利用这一契机进行中国文化传播，可以更好地促进彼此间的理解和沟通。

通过旅游进行中国文化传播，这种文化传播形式有着一定的优势。首先，传播范围更为广泛。游客作为文化传播的个体，在旅游过程中可以不断与来自不同区域、不同文化背景的人进行交流，为中国文化的广泛传播创造了可能。其次，在文化的传播目的上较为隐秘。在旅游过程中，人与人的接触有着一定的偶然性，在游客传播中国文化的过程中，并没有特定、明确的传播目的，在人与人的交流中，潜移默化地传播中国文化，这就避免了说教式传播造成的负面影响。最后，通过旅游进行中国文化的传播有着一定的去功利性，游客在传播中国文化的过程中是一种自发的、无意识的行为，而传播对象对中国文化也是发自内心的欣赏和喜爱，并不存在利益冲突，双方也没有功利和实用目的。旅游中的文化传播的目的不是影响或劝服，而是信息和情感的交流与分享。

## 二、游客是中国文化传播的使者

游客是在旅游活动中进行文化传播的重要载体。游客长期稳定居住在特定地方，会对当地文化有一种认同感。在跨国旅游活动中，游客会携带他所在国家的语言、行为方式、思想观念等一系列的文化元素来到异国他乡。在游客到达旅游目的地后，便会与目的地居民或其他游客进行互动，在此过程中依然会表现出具有本国特征的价值观念、思维方式，这就不可避免地会对旅游目的地的文化产生影响，也为游客将本国文化进行跨文化传播提供了可能。

美国旅游人类学家瓦伦·L. 史密斯(Valene L. Smith)明确提出，游客在作为特殊文化交往活动形式的旅游活动中扮演了文化交往使者的角色。旅游中“主人”和“客人”两种文化的接触和交往，使得两种文化在不断地借鉴和适应中走向趋同。在此过程中，游客通过语言和非语言的方式，有意或无意地去影响目的地的居民，同时也可能对旅游过程中所接触的对象进行宣传，接收信息的一方有机会成为信息的再次传播者，形成非定向的信息扩散。而对旅游目的地来说，一方面，当地居民会为了发展经济、促进消费等因素，乐于接受游客所携来的文化；另一方面，当地居民可以在自己原有文化的基础上，接触新事物，接受新信息，学习新知识，并开始欣赏和接受游客所携带的文化。

随着中国旅游业的快速发展，中国游客的足迹遍布世界各个角落。当中国游客在目的地国家游览时，便可以利用这一契机，向目的地国家积极传播中国文化。

## 三、促进游客传播中国文化的对策和途径

以旅游为依托进行中国文化的传播，实际是中国文化和其他各国文化相互理解、沟通和适应的过程，能够更好地促进人类文化的繁荣和发展。游客应该在旅游活动中充分发挥其文化交流使者的作用，以实现中国文化的

跨文化传播。

## （一）增强游客跨文化传播的有效性

文化传播是一种异质文化间的交流，为了实现正常有效的沟通，传播双方需要使用至少一种双方都能理解的语言。传播能力模式理论研究学者萨拉·特伦霍尔姆（Sarah Trenholm）和阿瑟·詹森（Arthur Jensen）提出，文化传播者应具有正确理解对方的语言和文化背景，并依据对方接收信息的方式和自己的社会角色来正确表达的能力。这就要求在旅游过程中，作为中国文化传播使者的游客应该注意到传播对象的文化背景，并注意到所面对的传播对象使用的是何种语言，也可以配合使用一些非语言符号，尽量避免在交流中产生误解。

## （二）在尊重文化差异的前提下，重视中国文化的传播

在文化传播过程中，不同文化之间不可避免地会存在一定的矛盾和冲突。消解矛盾和冲突最好的方式就是相互沟通、理解和适应。尊重文化差异是文化传播的前提，只有尊重差异、认识差异并进行适当的变通，不同文化之间才能顺畅沟通，文化传播才能顺利实现。

游客在旅游过程中，如果总是抱有中国文化高人一等的态度，或是对一些国家的特有文化怀着傲慢、鄙夷甚至敌视的态度，就会导致中国文化传播的失败，甚至造成文化冲突，引发进一步的矛盾。游客要意识到每种文化都具有同样的价值，对目的地文化与中国文化的差异应抱以相互尊重、相互信任的态度。

## （三）注意恰当的传播手段和方式

游客在旅游过程中要积极传播中国文化，但文化传播并不等同于文化说教，并非简单地将中国文化向目的地的居民、游客进行灌输，更重要的是游客应该提高自身文化的修养和内涵，用自己的言行举止来吸引传播对象。旅客应当从人类共同的情感出发，撷取中国文化中最恰当、最生动的内容进行文化传播，让传播对象对中国文化从内心深处产生认同感。

中国文化的跨文化传播是中国综合国力和竞争力的重要体现，而旅游则是不同文化沟通交流的有效手段。通过旅游的方式能够促进中国文化在世界范围内的跨文化传播，让广大的游客成为中国文化传播的使者，在旅游过程中，将中国文化带到世界各地，让世界各国对中国文化产生更直观的认识。

## 第三节　旅游英语翻译与文化传播

近年来，随着旅游业的快速发展，我国的海外游客逐渐增多，旅游英语翻译在旅游业发展中的重要性也日益突出。从文化发展的角度来看，旅游英语翻译有利于将我国各地区的本土文化传播给海外游客，使海外游客对我国的历史文化发展有更多了解。旅游英语翻译的主要任务是为游客介绍当地的旅游信息，通过翻译的趣味性带动游客的积极性，并且在翻译过程中，适当满足海外游客的需求。

### 一、文化传播的意义

从各国的文化要素迁移现象来看，文化传播对文化扩散具有重要意义。文化传播主要是指不同国家之间的文化资源以及各种类型的文化信息能够不受时间与空间的限制完成共享与互动。文化传播也是一种传播者与被传播者之间的创造性精神活动。相关研究者认为，旅游英语翻译是一种特殊的文化传播方式，在传播过程中能够发挥其自身的旅游文化载体功能，也可以说，旅游英语翻译能够起到旅游文化传播的作用。在旅游业长期发展的过程中，大多数相关业内人士都认为旅游业本身就有文化传播的特殊性。因此，为使旅游业能够更快、更好地发展，相关景区应致力于丰富旅游形式，提高旅游服务质量，这样才能增强人们的旅游动机。人们在旅游的过程中，能够体验到与平时有差别的生产生活方式，从而在促进当地旅游业发展的同时，也能促进当地文化的发展。

## 二、旅游英语翻译对文化传播的作用

### （一）增加跨文化交流渠道

旅游英语翻译是一种特殊的跨文化交流渠道。大多数海外游客来中国旅游，主要目的不仅是欣赏历史古迹，还是了解与其本国文化有较大区别的异域风土人情。通常情况下，旅游英语翻译人员在工作中，首先要保证海外游客通过翻译能了解中国传统文化，从而满足海外游客的基本旅游需求。旅游英语翻译人员要积极地将本国文化以合适的方式介绍给海外游客，让海外游客对本国文化有具体的了解。旅游英语翻译从根本上来讲，是不同文化背景下的文化传播者与游客之间的桥梁，但是在旅游英语翻译的过程中，由于中国文化与海外其他国家的文化有较大的差异，因此，旅游英语翻译要注意使用语言的准确性，在满足不同国家之间文化差异的前提下，使外国游客对我国文化有所了解。翻译人员要采用准确的表达方式，向海外游客表达更加深刻的文化内涵，也要保证用词得体。在带领海外游客欣赏风景的同时，也要使海外游客真正了解每个风景的文化内涵，以促进跨文化交流，从这一点可以看出，旅游英语翻译是文化传播的重要渠道。

### （二）促进民族之间的文化交流

汉语导游词通常采用各种各样的修辞手法，使游客能够了解参观景点的特色，在游览时产生如诗如画的感觉。但由于不同国家之间的文化差异，旅游英语翻译必须进行词汇的转换，使海外游客通过旅游英语翻译，在享受美景的同时了解更多的中国历史文化。从这一点也可以看出，旅游英语翻译能够在各国之间形成一个较为系统的文化传播体系，从而促进国家之间的文化交流与融合。

### （三）加强海外游客对中国文化的了解

作为一名旅游英语翻译人员，要掌握大量的词汇与语法知识，在旅游翻译中，面对不同文化间的冲突，可以无障碍地与海外游客进行交流。也可以说，旅游英语翻译人员必须有跨文化阐述的能力，能够在与海外游客进行沟通的同时，将文化之间的差异充分体现出来。旅游英语翻译人员在海外游客对景点感兴趣的基础上，加强与海外游客的文化交流，提高旅游活动内在的文化品位，使海外游客在旅游参观的同时，对中国历史文化产生浓厚的兴趣，在一定程度上也能够促进我国历史文化的传播。旅游英语翻译人员要将文字准确表达出来，且在表达风格上要幽默、有情趣，帮助海外游客了解人文景观及文化内涵，使海外游客在旅游中提高自身的文化素养。

### （四）促进本土文化传播

通常在旅游业的发展过程中，不同民族之间的历史文化背景及民族风情是吸引海外游客的关键。大多数海外游客都喜欢通过异域文化的体验实现自我满足，因此，为使旅游英语翻译达到这一要求，就要体现出旅游英语翻译的精髓。我国大多数旅游景点都具有本土文化与异域文化相互融合的特点，例如，泉州在发展旅游业的过程中推广闽南文化，那么，在旅游翻译时就要突出其历史文化积淀及民族文化特色。泉州在民族风情及美食方面具有独特的文化内涵，旅游英语翻译人员可以将其作为翻译的关键点，利用动人的故事、传说为海外游客讲解当地的民族风情，使海外游客了解地名的由来及景区本身所具有的历史意义。在这一过程中，要避免由于词汇与语法的使用不当而使海外游客产生误解，如泉州的三朝元老巷，旅游翻译者要在尊重地名翻译原则的同时，对其中的内涵进行讲解，保证海外游客能准确理解该地名。通常在旅游文化传播的过程中，也会出现带有中国文化内涵的特有名词，这在一定程度上体现了我国文化博大精深的特点。因此，旅游翻译可以促进我国各旅游地区本土文化的发展，进而达到传播本土文化的目的。

## 三、旅游英语翻译的案例分析

现阶段旅游英语翻译在表达形式上，从整体上来说与中国语言表达方式存在的差距较大。由于西方国家语言的逻辑性强，且针对自然风光的描述较少，在介绍旅游景点时，旅游英语翻译人员想要使海外游客准确理解过于华丽的语言有一些困难。因此，在旅游英语翻译的过程中，翻译者要更加注重实用功能，将翻译内容准确表达出来，达到能够让海外游客在最大程度上理解并且认可的目的。下面对旅游景区有关旅游英语翻译的具体案例进行分析，介绍旅游英语翻译的主要方法。

案例一：不同民族之间的文化存在较大差异，在旅游英语翻译的过程中，翻译者要注意词汇的准确使用。旅游英语翻译的主要目的是感染游客，发挥旅游英语翻译的最大价值，因此，在语言传达的过程中，翻译者要严格遵循游客的语言习惯。例如，翻译者在对海外游客进行“鱼米之乡”的翻译时，如果按照中文的语言习惯，会将其翻译成“a land of abundant fish and rice”，但是这种翻译方式与英语的语言习惯差异较大，并不能达到让游客理解的目的。因此，在面对海外游客时，要将“鱼米之乡”翻译为“a land flowing with milk and honey”，这样不仅能够使海外游客了解我国的传统文化，也能够使他们在最大程度上了解“鱼米之乡”的含义。近年来，乡村旅游已经成为旅游业发展的重要内容之一，旅游翻译如何将“农家菜”向海外游客进行翻译也引发了大量翻译者的讨论，如果将农家菜翻译成“farmers' dishes”，是不能让海外游客在原有的认知基础上加深了解的，如果将农家菜翻译为“farm house cooking”，就能够在结合其他国家语言习惯的基础上，使他们真正了解农家菜的含义，从而促进我国传统文化的传播。

案例二：这里以民族英雄郑成功的故居为例，介绍在对我国民族英雄故居进行旅游英语翻译时的使用方法。长久以来，郑成功的故居都是著名的旅游景点，旅游翻译者针对“民族英雄郑成功的故居是著名的爱国主义教育基地”向海外游客进行介绍时，根据海外游客的语言习惯，可以将这句话翻译为“The former residence of the national hero Zheng Chenggong,also known as

Kongxiga,is an important base for the education of patriotism."。在翻译人员对"also known as Kongxiga"进行具体解释后，不仅能使海外游客明白"Kongxiga"是为了突出郑成功是一位收复国土的爱国者，对这句话有更深刻的理解，还能使他们通过翻译者的介绍，获得相关的历史背景信息。与此案例相类似的李贽故居也是我国著名的文化景点之一，因此在旅游导语牌中，也应该重视对该景点的介绍。如在故居门前的景点介绍中设立英文导游词，但是要根据海外游客的语言习惯进行翻译："Li Zhi（AD 1527-1602），also known as Zhou Wu,Hong Fu,was a native of Quanzhou.He was an outstanding thinker,writer and historian in the Ming Dynasty."。通过这一翻译，能够使海外游客对李贽故居的背景信息有所了解，这句英语翻译中所具有的增补以及释义，能使海外游客更好地理解中国名人文化。因此在旅游英语翻译中，翻译人员要对文化知识以及背景资料进行重点介绍，使海外游客能更深刻地了解我国的人文景观，在旅游中了解并认可中国文化，达到旅游的最终目的。同时在旅游英语翻译人员的引导下，也可以使海外游客提高对中国历史文化的兴趣。旅游英语翻译人员要在海外游客不理解的地方进行更加系统的解释，使旅游英语翻译在文化传播中发挥更大的作用。

综上所述，旅游英语翻译对文化传播的作用是巨大的。从某种程度上来说，旅游英语翻译是旅游文化传播的一种特殊方式，能够增加国家跨文化交流的渠道，促进民族之间的文化交流与融合。

## 第四节　乡村旅游文化传播策略

乡村旅游作为旅游业的一个分支，因其具有独特的乡村文化、美丽的自然风光和消费价格相对低廉的特性而迅速崛起。乡村旅游业的发展会带动乡村经济的飞速发展，但是如果与其他旅游业一样，乡村旅游仅仅是让游客来这里吃喝玩乐，而不带有自己村落的特色，久而久之其也会处于一种停滞不前的状态，甚至会大幅度后退，因此，如何打造自己村落的旅游文化，如何更好地对外传播自己村落的文化成为当下的热点问题。本节针对该问题，提出了一些相关策略以供参考。

## 一、强化传播意识

村委会应该以身作则担起重任，学习其他较为成功的城乡旅游传播策略，深入了解城乡旅游业在乡村经济发展中的巨大优势，学习新的乡村经济发展模式。与此同时，村委会应组建强化村民旅游文化传播意识的专项小组，对如何提高村民的对外传播意识进行整体规划，并定期组织村民进行文化学习，邀请旅游业较为发达的其他乡村的干部到本村进行演讲和宣传，强化村民的旅游文化意识与对外传播意识，在与村民达成旅游文化对外传播共识的同时，也应为村民制定一些相应的传播任务，利用网络和媒体对自己村落的旅游文化进行对外传播，如转发朋友圈、贴吧发帖、转发公众号文章等，不断加强村民的对外传播意识。

## 二、搭建传播平台

由于新媒体平台刚刚出现，村民对其了解还不够深入，有些村民在利用新媒体平台进行乡村文化交流与传播时存在一些问题，如对各种信息的来源、真实性缺乏有效的辨别，对冗杂的信息缺乏筛选。也有部分新媒体平台为了吸引大家的关注，迎合受众，不惜夸大信息甚至制造虚假信息。

以上问题单纯依靠村民自主学习来解决是不现实的，必须依靠政府部门、文化教育机构、网络宣传部门等各方的共同努力。笔者觉得可以通过以下几个方面来调整：通过开展基本的培训，帮助村民认识新媒介，掌握新媒体信息传播的规律与特点。相关部门可以录制一些网课、宣传片在电子屏幕上循环播放，制作并发放一些宣传单，定期推送相关公众号及文章帮助村民提高鉴别新媒体信息真伪的能力，还要注意提高他们过滤负面信息的能力。

政府机构以及高校团委还可借助“大学生暑期社会实践三下乡”活动，为村民营造良好的媒介环境，促进乡村文化的传播与发展。

## 三、培养传播人才

在新媒体技术的冲击下，原有的传播手段、传播人才也面临着新的考验，尤其是在乡村青壮年大都外出打工的情况下，乡村的新型传播人才越来越少，在此环境下，对传播人才的培养就显得尤为重要。新型的传播人才应该在其传统上的采、写、编、评、摄的基础上掌握更多的技能，如果单靠村民自学根本无法达到新型传播人才的标准。因此，村委会要根据本村的情况向政府争取资金投入来培养此类人才，同时组建对外传播人才小组，分别培养写作方面的人才、摄影方面的人才、后期制作方面的人才、互联网运营方面的人才、新媒体运营方面的人才等，并定期对其进行培训，以此来提升团队的综合实力。除此之外，还要让他们了解本村的发展动向，使对外传播的效果最大化。

## 四、丰富传播手段

近年来，乡村文化在传统媒体的带动下已有了非常大的进步，但是鉴于时代的快速发展，新媒体技术的日新月异，传统纸媒、广播、电视等单一形式的传播手段已经满足不了乡村文化的传播需求了。新媒体技术则有很大的优势，它能用图文并茂、声色俱全的传播形式，将乡村文化更好地、更真实地传播出去，可以通过多种新媒体传播手段进行世界性的文化传播与交流，从根本上改变乡村文化传播手段单一、传播速度缓慢的问题。我们也可以在各大视频网站中开辟出新的版面——民俗文化版面，将各种民俗文化的技艺手法制作成视频短片，并上传至网络，进行文化传播。这样，学习者就不必跋山涉水来到当地，而是可以通过视频对自己想要掌握的技艺进行一遍遍地分解学习，这样更有利于学习者学习这些技艺。

# 第五节　城市旅游文化的创意传播

发展城市旅游文化，打造一个城市的文化和旅游名片，是很多城市的发展愿景，这需要政府、旅游景点和旅游企业的共同努力。城市旅游文化可以从三个重要方面进行推进：①通过打造品牌促进内涵与形象一体化；②提升旅游产品的体验性；③运用好新的传播形式和新媒体平台。这三者的有机结合构成了一个内涵与形象一体化的传播模式，该模式对旅游文化的提升和发展具有重要的推动作用。

旅游有多种形式，既有传统的自然景观、人文景点的观光旅游，也有主题公园的旅游、休闲度假式旅游、活动旅游、研学旅游、商务旅游等形式，宽泛地说，只要“走出去”消费的行为都可以算作旅游。旅游已经超越了传统的观光概念，进入了新的发展阶段。一方面，旅游的产业链延长了，旅游囊括了“食、住、行、娱、购、游”等方方面面，涉及越来越多的行业，并且它所包含的内容和涉猎的领域仍在进一步拓展；另一方面，旅游与文化融合呈现出明显的趋势，旅游逐渐被提升为文化旅游。

城市文化旅游是围绕一个城市展开的文化旅游，其发展目标为既要打造文化城市，又要打造旅游城市，合在一起，就是要打造一个文旅融合的城市。城市文化旅游的主体可以是景点、企业，也可是政府。旅游是一种“溢出型”的商业模式，旅游带来的收入并不集中于某一个单独的项目，而是会溢出来流入别的产业环节中。具体旅游项目作为一个个关键点，它们的发展会自然而然地带动整个产业链的发展。以景点为例，景点会收取门票，景点内部可以出售旅游纪念品，且景点还可以带动周边交通、住宿、餐饮等行业的发展。因此，从政府的角度看，城市文化旅游是带动城市发展的重要产业；而对于旅游企业来说，一方面应尽量延长自身所能涵盖的产业链，另一方面应积极融入城市文化旅游的大链条之中，珍惜政策的支持和行业资源所提供的助推力。

做好城市文化旅游，既要求一个城市具有丰富而优质的文化旅游产品，又要求其采用先进而有效的对外传播手段，目前中国大部分城市在这两方面的工作都有很大的提升空间。

## 一、促进内涵与形象的一体化

IP 是英文 Intellectual Property 的缩写，指具备知识产权的创意产品，主要由著作权、商标权、专利权三部分组成，包括音乐、文学和其他艺术作品，发现与发明，以及一切倾注了作者心血的词语、短语、符号等。城市文化旅游可以从故事 IP、形象 IP、产品 IP 和企业 IP 这四个部分着手，以四种 IP 来表达城市的文化内涵和形象，并将其作为可体验性的旅游产品和衍生品的 IP。

城市文化旅游的立足点是优质的文化旅游产品，文旅产品要对游客具有强大的吸引力，城市不但需要在文化旅游的内涵和形式两方面下功夫，还要能将其打造成一个具有品牌形象的、利于对外宣传的整体，即以一定的 IP 为核心，将产品与文化、内涵与形象融合在一起，进而形成一系列的品牌性 IP。

城市文化有大量的内容值得被挖掘，包括历史故事、重大历史事件、文化起源、名人、掌故、商帮、书画、习俗、传说、诗词、美食、书院、陶瓷、园林、古镇、大运河、长城、小说、戏曲、曲艺等，但要将其变成可以宣传推广的旅游资源则需要进行一定的转化。城市文化旅游可以借鉴文化产业打造 IP 的方式来整合历史文化资源。例如，通过讲故事的方式和形象化的方式，把散乱的文化要素串联起来，给传统艺术赋予新鲜性和趣味性，在重塑和再现的过程中，这些城市文化资源既可以形成独特的、可持续的故事 IP，也可以根据故事中的人或物形成独特的、有传播力的形象 IP。IP 同时可以作为品牌和城市旅游产品（如特色工艺品、礼品、吉祥物、伴手礼）的载体，每个 IP 的系列产品都可以开发出相应的衍生品。

每个城市的特色文化都可以打造出很多个内涵和形象相结合的系列产品，形成多个不同层次、不同属性的 IP。城市通过 IP 来融合内容与形象，将其构建成一个独具魅力的整体，而对致力于发展文化旅游的城市而言，一方面可以把城市的故事IP和形象IP在互联网上传播，将产品IP和企业IP作为延伸传播的载体；另一方面建设地标式的城市文化体验中心，开发极具互动性、体验性的文化旅游体验场馆和旅游产品开发商城，将城市文化体验中心打造为旅游目的地。

## 二、提升游客城市文化旅游的体验感

现代人旅游非常方便，不论是交通还是资讯的获得都很便利，但如何能让人们选择去一个城市旅游，甚至愿意反复去同一个城市旅游呢？体验感是一个至关重要的因素，好的体验不仅能让游客觉得不虚此行，还能让他们愿意再一次体验。要提升游客城市文化旅游的体验感，除要考虑前文涉及的文化内涵与形象一体化的相关内容之外，还可以考虑通过融合科技手段、开展活动经济、打造城市体验中心等方法来提升游客的体验感。

### （一）融合科技手段

文化旅游和科技的融合是未来的发展趋势。科技手段让内容的呈现更为丰富多彩，如在戏剧《西游记》的舞台上，孙悟空的金箍棒可以通过现场的投影技术变长、变短、消失、重现，像变魔术一样，可以更为有力、直观地为观众呈现更多内容，增强表现力和互动效果。

运用高科技设备可以直接增强游客的体验感，包括声、光、电的控制，运用VR、AR等技术提供沉浸式的体验等。科技和旅游的结合还可能催生导游机器人和陪伴机器人，这些机器人可以给游客随时随地提供讲解服务，还能提供各种辅助服务，甚至还可以陪游客一起玩互动游戏……文化旅游与科技的结合能够创造出各种好看、好玩的东西，文化旅游与科技的融合也能极大地提升城市文化旅游的体验感和吸引力，进而推动整个文化旅游产业的创新升级。

## （二）开展活动经济

活动经济是指人为地设计及组织的各种活动，包括商业论坛、教育培训、展览、演出、节庆、观光和娱乐体验等，以及通过上述活动所带来经济上的收益。活动经济是以一种主题性的活动来带动一个地方旅游的经济形态，是文化活动拉动的经济。波士顿的马拉松，巴黎的汽车、航空和农业三大会展，拉斯维加斯的世界计算机大会，都是通过大型活动来带动整个城市的旅游业。

以一定活动为内容的旅游本身就带有比较强的参与性，如果活动本身的文化属性比较强，与城市文旅项目搭配得比较合理，活动就能极大地提升文化旅游的整体体验。很多中国传统的节庆活动都可以被改造成文化活动，但需要加以现代化、时尚化的改造，并结合年轻人喜欢的元素来做。摄影文化节、影视文化节、动漫文化节、音乐节等各种文化活动也都有很好的表达性与参与性。这些文化活动不仅不需要大型比赛或展会那样的大规模场馆设施，还可以与文旅项目互相衬托。如广西的“三月三”文化节活动，就是以组织活动的形式来推广旅游——将富有地方特色的民俗文化、艺术、美食文化等搬上新媒体，通过网络传播吸引游客；鼓励游客在参与活动时用手机进行拍摄、记录，并上传到社交平台；通过线上、线下的互动来赢得更多关注，增强活动的参与性和趣味性。需要注意的是，城市文旅项目做文化活动需要实力派网红和故事 IP 的带动，并且需要达到一定的规模才能吸引人们的注意。实力派网红、故事 IP 与活动应该相辅相成，不是“旅游遇见文化”，而是通过旅游来体验文化，通过文化来创新旅游。

## （三）打造城市文化体验中心

概括地讲，城市文化体验中心是用传统文化做一个有旅游价值的文化地标，外地人想了解一个城市就到这个城市来，可以在文化体验中心了解、体验这个城市最全面而又最具代表性的自然与人文特性，体验完以后再根据体验中心内容的引导和自己的爱好去选择后续要去的地方。城市文化体验中心大体上能把一个城市想表达的城市特点、主要的历史故事、文化艺术产品、旅游产品呈现出来，是一种浓缩的、具有体验性的文化展示中心。

城市文化体验中心其实是一种复合型的商业模式，通过对城市文化的挖掘，用故事化和形象化的方式呈现历史与文化内涵，并要融合 IP 的打造，使之具有可识别性和可持续性；城市文化不但要在现实的体验中心中呈现出来，还要在衍生品的开发、销售和互联网传播上呈现出来。城市文化体验中心实质上包含了从文旅内容打造到衍生品销售的整个产业链。一个城市文化体验中心里面展示的所有产品都应当是有品牌、有 IP 的，即使是农产品，也应是有特色的、进行了品牌化和 IP 打造的农产品。城市文化体验中心现场体验的运营收益可能并不太高，但是结合互联网传播、文创电商和衍生品开发，就会有非常可观的收益。好的城市文化体验中心不仅是文化地标，还是一个城市对外宣传的文化名片和旅游目的地，能够对城市的旅游文化起到提升作用。

城市文化体验中心可以直接展示、体验本地特色文旅项目；可以放映本地文化旅游创意影视作品、动漫、微电影，进行各种真人演出及虚拟演出；可以通过虚拟现实技术，打造沉浸式体验、互动式体验、场景式体验等项目；可以建立科技体验馆，让孩子们过来研学，以体验的方式进行科普教育、国防教育；可以举办摄影、影视、动漫、音乐、艺术等各种文化节和比赛；还可以把各类实地体验和文化活动进一步制作成微电影等创意作品在网络上进行传播。

## 三、发展新的创意传播模式

城市文化旅游内涵与形象创意传播的载体是互联网平台，可以说，各种文创产品都能成为城市内涵和形象结合的创意载体。“文化＋科技＋互联网＋旅游”的产业融合是城市文化旅游发展的新特点，也是催生城市文化旅游内涵与形象创意传播的新路径。

### （一）影视剧和摄影作品

与城市相关的影视剧和摄影作品是城市内涵和形象的基本呈现方式，有很多影视剧带动当地旅游业发展的先例，例如，电视剧《冬日恋歌》带火了韩国的济州岛，很多韩国、中国和日本的粉丝会专程去济州岛旅游；《我的团长我的团》带火了腾冲的温泉旅游；电视剧《三生三世十里桃花》的热播，让很多人想去拍实景的地方旅游。但是这些影视剧带动旅游业发展的例子存在一定的偶然性，且视频往往只是拍出了一些场景，缺乏历史文化内涵，也缺少内容和故事的支撑。在这种情况下，用微电影的方式来做城市的旅游产品和形象宣传，可以把城市文化讲得既有故事性又有人文情怀。

摄影作品常被看作一种外在的传播手段。其实大咖的创意摄影作品也是一种具有体验性的内涵传播途径，如以拍摄杭州西湖为主题的摄影大家顾勇，他用了 30 多年拍摄西湖风景的日夜交替、四季变化，有几十万张非常珍贵的照片。人们看到顾勇的摄影作品，不仅能感受西湖“淡妆浓抹总相宜”的韵味，而且还会因他的摄影作品产生去西湖旅游、体验、摄影、拍婚纱照的冲动。摄影作品的魅力让人们对西湖产生了新的理解和期待——什么时候能感受到、体验到顾勇镜头下的印象西湖？所以说，具有艺术性的摄影作品更能实现城市文化内涵与城市形象的创意传播。

城市的文化内涵和城市形象的创意传播主要侧重于 IP 传播、品牌推广和吸引游客眼球的各种活动，它们应与城市特色风光或城市文化内涵融合在一起。总的来讲，城市在设计旅游产品时应当注意内容的选材和取舍，要突出特色。

### （二）新媒体平台

旅游项目最重要的就是旅游传播，目前旅游传播最大的一个问题是只传播旅游景点，并没有传播旅游产品。

现在，新媒体平台在旅游领域产生了非常大的影响。新媒体平台的很多网红都专门给旅游产品做宣传，同时自身也从事电商经营活动。因为今后的一个趋势就是把线下的东西搬上互联网，所以以后一定会有越来越多的公司利用新媒体平台来运营线下的旅游景点。有些新媒体平台自己没有固定的项目，但是它可以把别人的项目变成自己的分成项目，这样一来，这个新媒体平台“一统江湖”的可能性就很大，比如，携程网自己并不做实地的项目，但它的影响力很大。虽然互联网上还有其他旅游公司，但是只有少数的几个公司在体量上是明显超出其他公司的，这几个公司之间还可以通过并购举措形成一家独大的局面。互联网公司如果一家独大就很麻烦，尤其是对线下而言，如民宿一般都是通过互联网平台揽客，互联网平台如果把民宿入驻该平台的价格提上去，民宿的盈利就会大受影响，可见新媒体平台在旅游中发挥的作用越来越大，对线下的控制力也在不断增强。从长远来看，把自己的旅游项目完全交给别人的线上平台来运营并不是很保险的做法，最好是自己能联通线上、线下，拥有自己的线上平台。

大的旅游公司或者大的旅游景点需要有自己的平台，需要做自己的新媒体建设。新媒体建设的一个重要方向是“新媒体＋网红＋内容营销”，这是下一步旅游发展的方向。旅游产业结合互联网会产生比较好的效果，一方面是因为互联网这个平台有很大的市场空间等待挖掘；另一方面是因为线上的旅游平台对吸引流量非常有益，如果一个项目能在互联网上做出业绩，能吸引到更多的游客来实地旅游，就等于开启了旅游的新时代。这方面的工作能够创造非常多的价值，不仅对一个旅游项目，而且对整个城市的文化旅游都有促进作用，因此政府在这方面是很愿意投入资金支持的。

城市文化旅游围绕着一个城市的文化和旅游来展开，以文化提升旅游，以旅游体验文化。景点、旅游企业、政府都是城市文化旅游建设的主要参与者。不论是以整个城市为主体进行全盘考虑，还是从单个旅游项目的角度出发，都需要重视内外两方面，即做好城市文化旅游，既要有丰富而优质的文化旅游产品，又要有先进而有效的对外传播手段。

# 第六节 中国旅游广告的文化传播

旅游企业对某个地区旅游资源的宣传，主要是通过旅游广告的方式实现的。由于旅游文化的类型存在一定差异，因此，旅游企业需要从不同角度开展旅游文化宣传。本节主要对中国旅游广告的文化传播进行探究，以此为促进中国旅游业的良好发展提供一些参考。

## 一、相关概念

### （一）旅游广告

旅游广告是众多广告类型中的一种，对促进旅游业的发展发挥着重要作用。旅游广告是指通过采取有效措施使游客产生前往旅游地的想法，并以此达到吸引游客参观旅游的目的。这里的措施是指信息传递活动，主要是由旅游企业来实施的。也可以说，旅游广告是指旅游经营者为了促使消费者产生旅游行为，而借助大众传媒，通过付费的方式向消费者传播旅游产品与服务信息的一种商业宣传活动。从旅游产品的构成来看，旅游广告的类型较多，如果从旅游广告传播媒体的角度来分类，主要包括电视旅游广告、互联网旅游广告等。

### （二）文化传播

文化传播是指通过采取有效措施对相关文化进行传播，使更多人理解这种文化内涵。开放性、融合性、多元性是文化传播的主要特点，建立在文化积淀的基础上。文化的形成与多个因素有着密切关系，包括当地区域发展水平、历史文化、人文地理等；与此同时，人们的思想意识形态、观念的形成也会影响文化的形成。比如，自从佛教传入我国之后，其与我国哲学相融合，对促进我国哲学、文化艺术发展发挥着重要作用——敦煌壁画、大足石刻等均能体现我国古人的思想意识受到了佛教的影响。

## 二、旅游广告的文化传播策略

### （一）定位策略

地域文化定位：旅游资源、旅游线路是旅游业的核心产品，游客通常是通过各平台上的旅游广告来了解旅游地的相关信息的，将旅游地的核心文化作为广告策划的主要内容，其目的是促进旅游文化品牌知名度的提高。如“中国杭州——平静似湖，柔滑似丝”，这个旅游广告将杭州这座城市优雅恬静的特征呈现出来，同时又与历代文人墨客喜爱的西湖景点和杭州丝绸紧密联系，“上有天堂，下有苏杭”，唤起观众想去杭州旅游的内驱力，这就是通过地域文化定位旅游广告文化的典型例子。

景观文化定位：景观文化定位与地域文化定位有着相似之处，虽然游客前往某地区旅游的初衷有所不同，但是欣赏当地的美景，品味当地的景观文化是游客的共同目的。比如，在非典时期，电视台播出了海南岛景观文化广告片，湛蓝的海水，明媚的阳光，一群青年在沙滩上自由自在地奔跑，与此同时，广告片还配上了一段广告词：要想身体好，请到海南岛。其将海南的景观与身体健康结合起来，不仅能让观众感受到海南这座城市的美丽景观、气候，还能了解该地区的景观文化。

主体文化定位：旅游地设置旅游广告词的目的是使游客通过广告词感受当地美丽的景色，体会当地独特的文化。比如，“走遍大地神州，醉美多彩贵州”是贵州的旅游广告词，充分地体现了贵州当地的特色旅游文化。

### （二）旅游广告的整合营销传播策略

整合营销是指整合各种营销工具与手段，及时修正营销策略，在此之前不仅需要结合企业自身发展状况，还要根据目标市场的实际情况、历史状况来展开，其目的是提高产品价值，让目标市场认识并接受旅游目的地，稳定客户资源。旅游广告文化的整合营销是建立在旅游资源地及特色旅游文化基础上的，旅游企业不仅需要统一策划旅游资源品牌，还需要统一打造整体形象。

俗话说得好，“酒香不怕巷子深”，然而，面对当前竞争日趋激烈的旅游市场，旅游地即使在旅游资源方面有一定的优势，若没有将广告与媒体宣传工作落实到位，广大群众也无从知晓该地的存在。旅游广告文化整合营销的前提条件是找准市场定位。为了充分体现旅游资源的特色文化，相关营销人员需要对游客的消费心理进行全面了解。与此同时，还需要将旅游产品的“质”与“量”结合起来，借助名人、影视剧的方式，加强旅游文化的传播力和影响力。为了更好地提升旅游资源文化品牌的知名度，还可以采取拍摄旅游电视专题片等方法。如电视剧《乔家大院》热播后，山西的乔家大院成了我国不少游客的首选景点。

## 三、旅游广告亚文化传播分析

### （一）旅游广告的历史文化传播

旅游广告通过采用各种媒介的传播方式，让受众了解某地的旅游产品，使消费者前往该地旅游。旅游广告通过策划、创意，折射出所要传达的产品形象，从而吸引更多游客前往旅游地亲自体验，并使其产生购买旅游产品的欲望。所谓的广告诉求，是指目标受众对广告所传达的产品形象有深刻的理解，并且对其产生认可。

### （二）旅游广告中的民族与民俗文化传播

我国是一个多民族国家，且每个民族的民族文化、民俗习惯和传统节日都有着一定的差异，比如，苗族的“花山节”、傣族的“泼水节”等，这些民族节日的文化内涵十分丰富。为了更好地传承各民族文化精神，需要对少数民族的旅游资源进行开发，做好民族节庆旅游广告的策划与传播工作。

我国有着较为丰富的少数民族节庆旅游资源，且有着悠久的民族节庆文化历史。民族节庆活动作为一种传播手段，其具有集中参与性、观赏性等特点。由于民族地区节庆旅游文化有着较大的差异，且有着较大的广告文化诉求跨度，因此要想让游客深刻地理解其文化内涵，旅游企业的首要任务就是提升该地区的知名度。

民俗文化对旅游广告的策划制作与传播有着不可替代的作用，每个地区的民俗文化均存在差异性。为了达到吸引游客的目的，各旅游企业在“亮点”的打造过程中通常都会结合民俗文化。

成都有着悠久的历史及丰富的民俗文化，为了充分展示成都的民俗文化，成都市政府聘请著名导演张艺谋拍摄了一部城市形象专题片——《成都，一座来了就不想离开的城市》，其采用了现代艺术手法拍摄成都民俗文化中的精彩部分，通过传统民俗文化与现代都市文化的有机融合，将成都这座既古老又现代的城市形象演绎了出来，尤其是片中的广告词：“具有传统地方特色的青瓦白墙的川西民居、嬉笑戏耍的顽童……”不仅成功地体现了城市的历史文化底蕴，而且也表现了这座城市的民俗文化特征，使更多人感知到这座城市的魅力，从而使成都的知名度得到了显著提升。

广西东北部的桂林生活着 20 多个少数民族，包括壮族、苗族、瑶族等，该地区不仅有美丽的自然风光，还有独特的民族风情、浓厚的历史文化。桂林市政府聘请著名导演吴杰拍摄了桂林市广告形象宣传片——《天绘山水，仙境桂林》，影片中呈现了漓江、山坡、穿着各民族服饰的少女、忙碌的居民等画面，其中还融合了一些民俗文化元素，如“斗笠”“竹竿舞”“刘三姐的传说”等。桂林最大的魅力就是山水，影片将自然景观同民俗文化有机融合在一起，展示了桂林的城市风貌。

西安是我国的文化名城，有着悠久的历史。《荣耀西安》是著名导演侯咏执导的西安形象广告宣传片，该影片重现了西安的历史辉煌时刻，同时展现了古城西安现代化的城市风貌，描绘了一幅文明古都沧桑巨变的宏伟画卷。这部广告宣传片不仅全面地诠释了西安的民俗文化内涵，还展示了其质朴、温馨、热情好客的一面，观众通过观看这部广告宣传片，能对西安有更深的了解，从而吸引更多游客前往这里游览观光。

### （三）旅游广告的红色文化传播

红色文化充分体现了中华民族的革命精神和厚重的历史文化内涵，其包含了井冈山文化、延安精神、长征精神等。要想发挥红色文化的价值，只有对其进行广泛传播。广告在红色文化的传播过程中具有重要作用，革命纪念地、伟人故居等都是红色文化所依托的实物形式。为了达到理想的红色文化传播效果，广告策划要注重凸显红色文化的差异，这样才能更好地将“红色”二字传播出去。

比如，贵州遵义作为“国酒”茅台的产地，具有深厚的历史文化背景，但是，该地区的红色旅游始终没有取得良好的发展成果。要想促进遵义红色旅游文化的发展，其广告定位的准确性便十分重要。吸引潜在的红色文化旅游消费者购买遵义旅游产品是广告的主要目的。在广告定位过程中，需要将遵义会议的伟大意义进行升华，强调其历史地位，还需要使其与游客产生联系。

红色旅游广告要想获得良好的宣传效果，还可以借助影视文化的传播，比如，电视剧《井冈山》展示了中国革命初期的艰苦岁月，人们通过观看这部电视剧，更能体会到当前美好生活的来之不易，同时还会使其产生前往井冈山旅游、缅怀革命先烈的想法。

在我国旅游业迅速发展的时代背景下，旅游广告应充分挖掘旅游地的旅游资源，通过制作动态广告、静态广告，以及拍摄广告专题片等方式，对本地区的旅游文化进行传播，以此吸引更多游客前往该地旅游，从而更好地促进该地的旅游业发展。

## 第七节　数字媒体艺术下的旅游文化传播

随着信息时代的不断发展，旅游文化的传播对数字媒体的依赖性也越来越强。因此，旅游地必须顺应信息时代发展的潮流，积极探索新的传播方式，促进旅游文化的快速传播。

## 一、数字媒体艺术的特征

随着计算机技术的不断发展，多媒体技术开始逐渐利用计算机技术形成数字媒体技术，该技术影响了艺术的发展。数字媒体的艺术生命力十分强大，有良好的发展前景，成了重要的传播媒介，影响了整个社会公共媒介的发展。数字媒体艺术属于视听领域的艺术形式，有如下几个特征。

### （一）独特的创作工具

数字媒体艺术是媒体技术与艺术的有机结合，是一种特殊的艺术形式，其创作过程伴随着技术性的操作，同时也有艺术审美性的要求。数字媒体艺术的创作和展示都依赖于计算机，与互联网密不可分，随着计算机技术和网络技术的发展，数字媒体艺术的创作水平也在逐步提高。

### （二）强大的交互功能

数字媒体艺术作品需要观赏者的参与才能完成，可以说，数字媒体艺术作品是在观赏者的控制中实现其自身价值的。例如，在网络游戏中，只有通过玩家的点击参与或互动才能构成一个虚拟的世界，才能体现其交互功能。

### （三）多样化的呈现方式

计算机的出现打破了传统的材料和技术分类，产生了数字媒体这一新的呈现方式。在计算机的处理下，声音、图像、文字等通过数字语言的融合，形成了多样化的呈现方式，再加上艺术家的想象，便使得作品更加生活化、艺术化。

### （四）人人皆可参与传播

传统的传播方式使得很多单向传播的作品被埋没了，而在数字媒体艺术下，人人皆可参与传播，可以自由选择传播途径，自由修改、删除作品，数字媒体艺术为人们提供了更加广阔的参与平台，实现了艺术创作和传播的平民化。例如，互联网上的论坛、微博等，都是人们在数字媒体艺术的支持下创作出来的，既适应了人们的生活方式，也体现了民主化的特征。

## 二、数字媒体艺术对旅游文化传播的影响

### （一）传播和受众关系的转变

在文学作品中，作家所写的只是单纯的文本，只有读者参与到解读中，作品才能真正实现其价值。正如旅游文化的传播一样，受众对旅游消息的要求是内容真实、生动等，在数字媒体艺术的支持下，受众能够积极参与到传播中。传统的旅游文化信息主要依靠电视和纸质媒体，受众只能被动接受，属于灌输式的传播方式，忽视了受众在信息传播中的主动性。数字媒体艺术下的旅游文化传播具有更好的传播效果，受众能够根据自身的需要选择旅游文化信息，因此，在数字媒体艺术下，必须考虑受众的需求，以多元化的表现方式吸引受众参与到旅游文化的传播中，提升旅游文化的影响力。例如，有的旅游信息网有游客交流区，游客能够在社区内交流旅游体验、发表意见和建议等；有的旅游地开通了微博，能够及时发布相关旅游信息，加强与游客的交流，从而提高了旅游文化的影响力。

### （二）传播形式逐渐增多

数字媒体艺术为受众带来了丰富的视觉和听觉体验，从而提高了传播效果。数字媒体艺术合理地利用了数字技术，提高了旅游文化的视觉和听觉表现力，满足了人们的审美需求。在旅游文化的传播过程中，传播者如果能很好地利用文字、图片、视频等形式，就能给人们带来全方位的体验，其传播效果也会更好。例如，有一段介绍丽江泸沽湖居民“走婚”的微博，不仅有文字描述，而且有图片，这吸引了大量粉丝的关注、转发和评论，实现了互动传播。

### （三）新旧媒体的整合

新旧媒体的整合主要表现在两个方面：一方面，多媒体逐渐整合。传统的文化信息传播主要依靠报纸、书籍、广播、电视等，受时间和空间的限制，

传播的信息量有限，而且有一定的延迟性，已经不能满足信息时代的要求了。数字技术的发展使多元化的媒体共同传播旅游文化，例如，旅游网站整合了传统媒体的信息，为受众提供了丰富的旅游文化信息。另外，受众也可以自由选择旅游文化信息，但每一种传播媒体都有一定的缺陷，因此必须将多种传播媒体整合起来，这就是数字媒体。数字媒体整合了多种媒体，打破了时间和空间的限制，同时也能给受众充分的自主性。另一方面，新旧媒体的共同发展。新媒体的产生并不意味着旧媒体的消失，新旧媒体还会并存。随着数字媒体的兴起，旅游文化逐渐从电视、报纸等转向网络传播。网络中存在着巨大的受众群体，为旅游文化的传播提供了广阔的空间，开创了旅游文化传播的新纪元。但由于受众的多元化特征，传统媒体仍有很大的存在价值，新旧媒体在交融中，逐渐朝着综合性的方向发展。

### （四）传播效果的强化

在数字媒体艺术下，旅游文化的传播形式和方式对受众的心理产生了巨大的影响。一方面，生动有趣的形式使旅游文化信息得到了受众的关注。旅游文化的传播内容必须是受众喜欢的，旅游信息也要生动有趣。数字媒体艺术凭借计算机技术，综合文字、图像等媒体，能够让受众更好地了解旅游文化信息，刺激了受众的旅游欲望。另外，数字媒体依托网络资源，超越了时间和空间的限制，为受众提供了海量的旅游信息。另一方面，多元化的设计使受众能够更加深刻地了解旅游信息。由于受众的文化、年龄、学历等存在巨大的差异，他们对旅游文化信息也存在不同的理解。数字媒体艺术依靠数字化的设计为受众提供了丰富的旅游文化信息，激发了受众的参与热情。例如，一些人文景区利用多媒体技术，将原本枯燥的、静态的旅游景点变得生动起来，使受众不仅能够观赏自然美，而且还能感受内涵美，有助于受众更好地理解和传播旅游信息。

## 三、数字媒体艺术下的旅游文化表现形式

### （一）数字影视

旅游文化资源不仅包括自然旅游资源，还包括人文旅游资源，如果想饱览旅游文化，游客就需要花费很多的时间和金钱，但是通过影视作品，游客就能够轻松了解世界各地的旅游文化。数字影视从前期的制作到后期的声像处理，再到最后的压缩、保存及画面的展示，都实现了数字化或部分数字化，使旅游资源生动地展示在了受众面前。

### （二）数字网络

在数字网络中，相关设计者通过对旅游文化的多彩设计，吸引了游客的注意力，实现了旅游文化的有效传播。在文字方面，传统媒体一般用字比较规范，而在网络中，网络语言有较强的口语性、随意性，有的游客在网上分享了自身的旅游体验，其他人很容易产生共鸣。另外，图片也能够刺激受众的旅游欲望，随着数字技术的发展，旅游摄影成了旅游活动的重要组成部分，游客能够通过图片分享旅游体验，因此图片也成了旅游文化的重要传播媒介。此外，在很多旅游网站上，设计者设计了个性化的导览功能，受众能够通过点击快速浏览旅游景点。在传播形式上还有数字游戏、数字博物馆等，这些传播形式都利用了现代数字技术，使旅游文化的展示和传播更加便利。

随着信息技术的发展，数字媒体艺术在旅游文化中的传播展示出更大的价值，在传播形式、传播媒体和传播效果上都展现了巨大的优势。数字媒体艺术不仅提高了旅游文化信息的质量，满足了受众的需求，而且还促进了旅游文化资源的可持续发展。

# 第八节　智慧旅游背景下的文化旅游资源

智慧旅游已经成了旅游研究中的重要问题，智慧旅游的发展和互联网的发展在节奏上基本保持同步。智慧旅游在科学管理及精准营销等方面有良好的前景。虽然它在很多领域都获得了成就，但在某些领域却依然存在困境，如对文化旅游资源的传播。

## 一、文化旅游资源的内涵

文化旅游资源是指能够刺激旅游者产生文化旅游动机并能为旅游业所利用的一切物质和精神文化。当前，我国文化旅游资源中对游客吸引力较大的景点主要有长城、故宫、苏州园林、兵马俑等。文化旅游能够使游客对特定时期的风俗、历史进行探索。与自然旅游资源相比，文化旅游资源需要突破的屏障更多，但文化旅游资源形成的传播效应也更细致和绵长。

## 二、文化旅游资源的价值

### （一）使用价值

就文化旅游资源的使用价值来讲，主要包括三个方面：首先，观赏价值，主要是指资源能够使游客的审美、观赏、娱乐方面的需求得到满足，资源自身的设计构造、风格、情调等能够使游客在感官和精神上得到享受。实际上，观赏价值主要属于精神层面，能够满足人们在生理、心理、精神方面的需求，具有一定的虚幻性、不可度量性，对价值的估量往往是通过游客的自身判断而得出的。其次，科教价值，这种价值主要是指资源中蕴含的知识内容和信息内容，体现在爱国教育、科研、历史知识、文化知识等方面，如傣族竹楼建筑、傣族歌舞等。最后，经济价值，这一价值主要是从资源产生的实际效益角度进行分析和评估，如门票收费、娱乐收费、休闲收费、纪念品销售等。

### （二）非使用价值

就其非使用价值来讲，主要包括三个方面：首先，从文化价值方面来讲，主要指资源体现出的宗教朝拜、文化传承等方面的价值。文化旅游资源通常是在特殊的条件下产生的，含有丰富、独特的文化信息，能够将文化旅游区域的宗教习俗、文化形态、地区风貌、服饰、建筑、娱乐等特点详细呈现出来。其次，从环境价值方面来讲，文化旅游资源属于稀缺资源，会对人们的生活环境、自然环境产生较大影响，部分区域对文化旅游资源投入了大量的人力、物力、财力，并且对基础设施和相关生态环境进行了管理。文化旅游资源在具备环境价值的基础上，才能体现出开发价值和利用价值。最后，从社会价值方面来讲，社会价值主要是指文化旅游资源在开发过程中对社会发展产生的影响。文化旅游资源实际上属于精神寄托，能够在一定程度上强化人们对传统文化的认同，增强民族凝聚力，进而促进社会的不断发展。

## 三、文化旅游资源传播中存在的主要问题

文化属于文化旅游资源的核心，文化影响力在资源吸引力方面发挥着较大作用，根据文化影响力对旅游资源进行分类：第一类有莫高窟、金字塔、长城等；第二类有都江堰等；第三类的区域影响力比较低，但是这类数量比较多，因此在文化旅游资源传播中，这类资源存在的问题比较多。

### （一）资源缺乏独特性

缺少独特性是很多地方文化旅游资源的主要问题，如重庆的安陶，虽然有着悠久的发展历史，但是在影响力方面却远不如建水紫陶、宜兴紫砂等，因此这一资源对于游客的吸引力并不大。这一问题的主要原因在于，当时这一区域打造陶文化品牌的起步时间比较晚，其价值与其他比较著名的陶瓷种类之间没有十分明显的区别。由此可见，这一资源缺少独特性是影响其传播的重要因素。

### （二）受众缺乏广泛性

文化旅游资源从本质上来讲依然是旅游资源，除了部分以历史、艺术等形式存在的旅游资源能够得到广泛认同，很多资源都有局限性及地域性，会受到表现形式、语言、地域文化等多种因素的影响，产生文化认同的受众并不广泛，难以保持资源的吸引力，如少数民族衣服上的图示纹样、地方戏剧等。

### （三）相关部门缺乏引导与扶持

几乎每个景区的附近都有工艺品售卖区，这在一定程度上表明旅游消费品在商业化、工业化方面的特点比较明显。又有很多地方的工艺品表现出雷同性，这种现象的出现会对文化旅游资源的传播产生不利影响，在一定程度上也说明了相关部门对旅游文化资源的传播缺乏规范的引导、扶持、管理。

## 四、智慧旅游背景下文化旅游资源的有效传播途径

### （一）打破文化传播隔阂

打破文化之间的隔阂有利于实现文化的无障碍传播。笔者经过相关调查研究发现，很多旅游部门在本地文化推广方面投入了较多时间，但是最后得出的结果却不理想。出现这一问题的主要原因在于旅游部门的管理层面，如针对文化资源方面的传播没有进行持续性的投入，也没有比较专业的工作人员进行指导，就会使文化资源在逐渐向旅游资源转变、过渡的过程中受到较多的阻碍。实际上，文化传播获得一定的效果需要一个长期的过程，需要在逐渐渗透、影响的基础上才能深入人心。例如，珠江三角洲的饮食文化长时间受到广东早茶文化的影响。在互联网快速发展的背景下，不同区域的饮食文化才得以更好地凸显出来。因此，旅游部门在打造文化旅游资源的过程中，可以利用互联网的优势，制作专题节目或者是短视频，使文化资源获得一定的口碑，从而使其得到更广泛的关注。

## （二）积极运用科学技术

智慧旅游的构建和发展受互联网的影响，和移动互联网之间实现了同步。因此，运用科技手段，保持敏锐的观察力、良好的判断力是解决智慧旅游中不同问题的重要方法。例如，针对文化旅游资源中的壁画、刺绣等，可以运用人工智能中的图像识别功能、虚拟现实技术、三维扫描技术等，通过多种技术的应用促进文化旅游资源的开发与传播，实现传播方式的不断创新。

## （三）构建新媒体传播平台

在进行文化旅游资源传播的过程中，可以加强对互联网的运用。在此过程中需考虑受众的具体特点，选择科学、合理的传播切入点，对文化旅游资源进行系统、全面的介绍。就呈现形式来讲，为了吸引大众的注意力，可以通过图片、音乐、视频相结合的方式。除了使用网络媒体，也可以发挥电子阅读器、智能手机等移动终端的优势，以应用程序和应用商店为依托，使大众在观看相关内容的过程中也能发表自己的观点，这也是实现旅游资源文化传播的有效路径。

## （四）重视文化产业体系构建

就文化产业体系来讲，创意是体系中的核心内容，其中主要有音乐、视觉艺术、舞蹈、手工艺、文学等传统形式，以及表演艺术、多媒体艺术等现代形式。其外延为社交媒体、影视作品等，它们的传播性和带动性都比较强，是文化业态的重要构成。除此之外，还包括广告、设计、游戏等比较典型的业态。为了实现文化旅游资源的有效传播，应注重对相关产业体系的构建。

总之，文化旅游资源属于近几年开始讨论的话题，属于新兴领域，虽然在其发展中，我们仍然能够看到各种各样的问题，但是目前很多文化资源已经开始向文化旅游资源方向转变，并且形成了区域品牌效应。在此背景下，大量比较优秀的文化得到了继承与传播，文化资源也在旅游产业中找到和发挥了自身价值。

# 第六章　旅游文化传播的创新研究

## 第一节　旅游公示语跨文化误传播及管理

旅游公示语不仅能够为游客们提供其所需要的信息和服务，还能够成为展示其国际化程度的媒介。所有的旅游公示语都有一个共同点，那就是跨文化传播信息。由于风俗习惯、思想价值的不同，简单的旅游公示语有时并不能够被明确地解释清楚，所以会在某种程度上对跨文化传播产生负面影响，进而出现跨文化误传播现象。

### 一、旅游公示语跨文化误传播的分类

#### （一）跨文化无意识误传播

在旅游公示语跨文化无意识误传播中，主要存在着两种类型：一种是在对信息进行传播时，自身的信息本就存在着一定的问题，这种传播称之为“知识性误传播”；另一种是将信息传播至游客之后，游客对该信息的理解不正确，这种传播称之为“认知性误传播”。

1. 知识性误传播

形成知识性误传播的主要原因是因为我国旅游公示语翻译人员的知识水平参差不齐。当前，我国大部分景区都采取中文和英文的旅游公示语，少部分景区新增了俄语、韩语、葡萄牙语等标识。很多景区所建立的旅游公示语存在不少缺陷，如针对景区“出口”的英文翻译，部分旅游景点采取了

“Export”的标识，也有少部分景点将“出口”译为“Way out”。这两个词语的含义虽然和“出口”有所关联，但实际上却相差甚远。“Export”主要指的是在经济贸易或物流运输的“出口”，“Way out”主要指的是在人生旅途之中所选择的“出路”。故而采取这两种翻译方式用作旅游景点的“出口”均不够妥当，“出口”正确的公示语应当翻译为“Exit”，这使外国游客能够清晰地了解到旅游公示语的含义，能够最大化地减少外国游客在旅途之中因语言不通而产生的不利影响。

由此可见，旅游公示语翻译人员应当具备较为深厚的跨文化知识，这样在对旅游公示语进行翻译时才能够更为精准，避免给国内外游客带来不便。但当前部分翻译人员所具备的跨文化知识还不够充足，其翻译的旅游景区公示语常常让人啼笑皆非，还很容易使国内外游客产生误解。比如，针对旅游景区中的草坪，为了防止游客对其进行踩踏，往往会在草坪外设置一个公示语，以此来对游客起到一定的警示作用。传统的公示语往往是“请勿踩踏草坪”这类带有强烈警示意味的生硬语言，并未拉近与游客之间的距离，所产生的效果也并不明显。随着时代的变迁，公示语的语言也逐渐充满一定的文学性及艺术性，诸如“呵护花草，还您健康”“捧着一颗心来，不带半根草去”这类公示语，对国内游客及熟悉中文的外国游客来说都起到了很好的作用。翻译人员在将其译为英文时，由于对跨文化知识的了解不足，往往会将其直译为“Take care of flowers and plants,and make you healthy.”“Come with a heart,without a blade of grass.”等。这样的翻译方式会显得过于机械，会让不懂得中国文化的外国游客在看到这类公示语后只能够勉强看懂其中所表达的字面含义，但对于其中的深意却不能够完全了解，这就与建立旅游公示语的初衷相违背。若翻译人员对国外文化有一定的了解，那么就会知道在国外针对草坪的保护问题，一般都采用“Please keep off the grass.”这类简洁明了、通俗易懂的公示语，这与我国文化中的委婉心理有着较大的差异。

### 2. 认知性误传播

形成旅游公示语认知性误传播的原因是国内外游客对不同文化的认知存在着较大的差异。例如，在黄山著名的旅游景区屯溪老街，本地旅游管理机构将屯溪老街的英文公示语制作为“TunXi Ancient Street”，但在外国人接触到的导游词和详细解说中却将屯溪老街翻译为“TunXi Old Street”，这两类公示语的翻译都属于正确的范畴，但由于游客对文化的认知和语言的选择有着较大的差异，所以使得旅游公示语跨文化传播所采取的标准不同，进而产生了认知性误传播。

## （二）跨文化有意识误传播

与跨文化无意识误传播相比，跨文化有意识误传播主要是由文化认知的差异所产生的，翻译人员在对旅游公示语进行翻译时，可能存在着对古代和现代这类不同时空的认知差异，他们对其进行了利用，反而达到了意想不到的效果，这便是跨文化有意识的误传播。例如，一说起黄山，人们脑海中浮现的便是徐霞客登黄山时所赞叹的“登黄山，天下无山，观止矣”。实际上将“登黄山，天下无山”这句话作为宣传语便属于跨文化有意识误传播的范畴。在古代人的认知中，“天下”主要是表达了“普天之下”的含义，因为当时的信息传播并不发达，所以古人所认为的天下并不是现代所指的全世界，在当时仅仅指古人所认知的中国。随着时代的不断发展，人们对世界有了更多的了解，天下的含义也不再局限于中国国土，而是被扩展到了全世界的范围。当前在通过“登黄山，天下无山”这句旅游公示语向全世界宣传黄山风景时，“天下无山”所代表的含义便是纵观整个世界，黄山的风景是最美的。通过这样的有意识误传播，能够将黄山优美的风景展示给全世界，进而形成了较好的推广效果。

在跨文化有意识误传播中，还采用了地名套用的方式。常见的地名套用便是在举世闻名的城市前加入一个“东方”的前缀，如“东方马德里”“东方纽约”等。将地名直接进行套用，能够给该城市所具备的特点进行直接的诠释，但这样的方式会让该城市的地方特色逐渐消失，并且还会在外国游客的心中沦为“马德里”“纽约”的附庸，长此以往不利于该城市的良性发展。

## 二、旅游公示语跨文化传播管理措施

### （一）构建多元化管理主体

相关部门应当针对旅游公示语建立完善的管理体系。当前，相关部门所采取的管理体制较为分散，各个下属部门所具备的职能不能得到充分的发挥，因此相关部门应当构建自主与协调的管理体制，给予同行业的合作伙伴充分的鼓励，让其能够积极参与到跨文化的传播中。同时，针对跨文化传播设立一些权力相对独立的监管机构，以此来避免管理中出现差错。在科学技术日趋发达的今天，相关部门可以充分利用信息技术所提供的便利，收集与整理旅游公示语的相关数据，构建大数据平台，并对其进行合理的管控，让参与到跨文化传播中的所有人员都能够在该平台共享与交流相关数据。

当地旅游协会要最大化地发挥其自身所具备的职能，通过互联网、报纸等信息传播平台来宣传旅游的相关政策和法规，让游客能够具备一定的自律性。这样一来，游客旅游时就会高度重视旅游公示语。旅游协会应针对旅游公示语进行有效的调查与研究，并定期开展相应的研讨会对调查结果进行分析，根据实际情况确定下一步的工作计划与方向，以此来推动旅游公示语趋于完善。同时对游客进行鼓励，让其能够积极参与到旅游公示语的跨文化传播中，充分激发游客的创意，给跨文化传播工作提出合理的建议，以最大化地减少旅游公示语误传播的现象。

### （二）采取科学化管理手段

当前我国互联网技术较为发达，因此相关管理部门应当采取科学化的管理手段，通过互联网等科学技术来完成对旅游公示语的制作与传播，并实现全面监管的效果，以此来让旅游公示语跨文化误传播的范围得到有效控制。相关部门应投入足够的资金，组建一个具备较强专业素养的团队，并不断吸纳新生血液，对其进行科学的培训，让更多的专业人才涌现出来，使之形成一个可持续发展的科学循环。同时，构建科学的机制，让民间资本也能参与到旅游公示语跨文化传播的工作中，从而结合多方的力量使管理手段不断进步。

不断加速的全球化进程，为国家跨文化交流与沟通提供了桥梁。随着来华游客的数量持续增长，使得旅游公示语迅速进入了全球视野。尤其是在网络发达的信息时代，某一个知名旅游景区的公示语一旦出现误传播，那么就会被网络无限放大，引发较大的争议。故而相关部门应当加强国际之间的交流与合作，通过多方参与，给旅游公示语跨文化传播提供一个可以度量的标准。

## （三）建立系统化管理过程

因为旅游公示语属于大众传媒的范畴，所以相关翻译人员制作旅游公示语应当遵循一定的准则，来传达旅游景区所具备的特点。相关管理人员要通过旅游公示语使游客产生相应的联想，而这一联想则是制作旅游公示语的目的所在。如针对黄山丹霞峰这一景点所制作的旅游公示语，相关人员将其翻译为“Danxia Peak”，外国游客在看到后并不能产生一定的联想，此时相关管理人员就应该重新翻译，引导外国游客对黄山丹霞峰的秀美景色进行联想。经过翻译人员的经验交流及讨论研究，最终决定将丹霞峰翻译为“Reddening-Cloud Peak”，这样一来，外国游客就能够通过比较本土的翻译联想到黄山丹霞峰所具备的突出特征，从而达到了旅游公示语跨文化传播的效果。

相关学者曾经提出过一个经典的“二级传播理论”，主要是指信息在传递至固有受众前，应当存在着一个“意见领袖”，以此来达到影响舆论走向的目的。在旅游公示语跨文化传播工作中也可以采用“二级传播理论”，在互联网技术日趋发达的今天，相关管理人员可以将微博大 V、著名微信公众号、各类新媒体记者等作为“意见领袖”，充分利用他们在普通群众中的声望，让其在群众中分享自己对于旅游公示语的见解，同时，宣传一些旅游公示语跨文化传播的相关知识，让群众能够充分认识到旅游公示语跨文化传播的重要性，进而积极参与进来，贡献自己的力量。

综上所述，随着我国国际地位的不断提升，旅游业发展较为迅速，使得到中国旅游的外国游客数量也在不断增加。在这样的时代背景之下，旅游公示语就起到了跨文化传播的作用，相关翻译人员应当认识到旅游公示语准确翻译的重要性，应对不同文化差异进行充分了解，并结合实际情况制作出合理的旅游公示语，从源头上减少旅游公示语跨文化误传播事件的发生次数。同时，相关部门的管理人员要重视旅游公示语跨文化传播工作，完善其管理体系，采取科学的管理手段，让旅游公示语在跨文化传播时能够更为精准，从而提升我国在国际中的地位与形象。

## 第二节　文化记忆视角下旅游城市的品牌传播

文化记忆是德国学者扬·阿斯曼（Jan Assmann）和阿莱达·阿斯曼（Aleida Assmann）夫妇提出的，简单来说，文化记忆就是将文化看作一种记忆，其更关注文化在时间长河中的定位和促成身份的功能。城市文化是城市品牌的中心，城市的品牌离不开城市文化，文化是旅游的灵魂，旅游城市的品牌传播更离不开文化底蕴的支撑。目前，遭受“现代”冲击的城市正饱受着文化流失的诸多非议，在科技迅猛发展的今天，从文化记忆的视角出发，拓宽视角，对旅游城市的品牌传播策略研究有着现实意义。

### 一、文化记忆视角下旅游城市的品牌传播现状及问题

旅游城市具有独特的历史文化资源与旅游开发潜力，旅游业产值对城市生产总值的贡献超过 7%。品牌传播的重点在于传播品牌信息、维持品牌记忆、促进消费等。旅游城市的品牌传播与普通企业的品牌传播有所差别，文化是旅游的灵魂，以旅游产业为主体的城市想要实现品牌的良性传播，必然要将城市文化进行深度挖掘和呈现，这是目前旅游城市的品牌传播现状。

## （一）过度商业化怪圈下的特色流失与口碑崩塌

新媒体时代下，互联网成为游客搜集信息、定位旅游目的地的重要手段之一，旅游城市的宣传由城市主动地发声转向游客主动地传播。与此同时，游客在网络上发表的游记当中，显现出避开热门景点而深入城市角落，探寻城市本真的趋势，一些餐馆因游客在网络上的口碑推荐一跃成为“网红店”。另外，对口碑崩塌的旅游城市来说，过度商业化是其主要因素，例如，在浏览器中输入“丽江古城游记”等关键词可以发现过度商业化等评价，这类负面评价不仅会影响其他潜在游客的出游意愿，更会对城市的品牌形象造成损害。在旅游成本降低，旅游大众化的趋势下，如何打造城市口碑，吸引游客进行二次游玩，是旅游城市急需解决的问题。

## （二）形式旅游下的文化底蕴流失与流变

旅游城市坐拥着丰富的旅游资源，通常为自然风光、特色建筑、经典美食，这些承载着城市特色与文化的旅游资源对游客有着巨大的吸引力，但是，随着交通运输网络的完善、旅游业的日渐兴盛，旅游开始成为一件简单易行的事。在这样快速增长的旅游需求之下，游客旅游的目的变得多元化，甚至偏离核心，于是出现了“打卡旅游”，这种流于形式、走马观花的旅游形式，影响了旅游城市的文化呈现。

在社交媒体上，游客以开放的多元符号对旅游城市的文化进行解读，在旅游对城市经济的影响日益增长的背景下，旅游城市也为迎合游客需求而不断地尝试对城市的文化进行现代化呈现，在多重刺激之下，旅游城市的文化底蕴发生了一定的流失与流变。

## （三）旅游城市开发布局不均，空间发展畸形下细节缺失

旅游城市因独特的旅游资源，吸引了大量的游客并带来了巨大的经济利益。但是，旅游景区之间也有热度的差异，热度高的旅游景区能够吸引更多的资本投入，由此便造成了同一个旅游城市中的不同旅游景区的开发程度不均衡。空间发展的不均衡不仅会造成区域旅游经济收益的差别，还会使

冷门景点、游客密集区之外的区域出现基础设施的更新进度慢、区域的细节把控不到位等问题。诚然，旅游资源丰富的区域是旅游城市的收益核心所在，应当被逐步优化，但城市的优质口碑并非仅仅凭借个别优势便能形成的，其他细节的优化亦是城市品牌塑造与传播中不可或缺的一环。

## 二、文化记忆视角下旅游城市的品牌传播策略

无论现代科技如何改变城市，城市的品牌依旧需要依托城市的文化底蕴，而在共时性的时空当中来寻找、定位、认同文化往往只是一种横向的多元对比。文化记忆是从历史的时间长河出发，立足于点，追寻过去，它对现代化浪潮吞噬下的旅游城市来说是一种极好的定位方法，更有助于在记忆当中重新追寻、重塑、传播城市文化。

### （一）纪念仪式构建文化记忆情景

体化实践与纪念仪式是构架文化记忆的主要方式，在博物馆、纪念建筑、节日、民俗、歌谣中可以寻找到文化记忆的踪迹。媒介图像的再现和戏剧戏曲的展演也能够勾起游客的记忆，使其产生共鸣，置身于仪式所构建的文化记忆情景中，完成文化认同的想象。实际上，纪念仪式对于旅游城市文化品牌的传播大有裨益，在新技术的助力下，旧时记忆情景的还原和文化记忆情景的构建有了更强大的可操作性。例如，历史文化名城山东曲阜，不但整个城市的建筑与孔庙相呼应，并且还在曲阜孔庙进行了恢复传统礼制活动的尝试，如曲阜明故城举行的盛大的开城仪式，融合了多元素的传统礼仪内容，在服饰、仪式流程、乐声等多元素合力还原的仪式盛典中，实现了儒家文化的保护与传承。

### （二）“细节语言”传递故事，潜移默化传递文化品牌

城市文化内核的挖掘、保护与传承和城市品牌传播之间不可一概而论。在文化记忆的视角之下，文化记忆的追寻并不是各种文化碎片的简单拼接，而是一个动态的互动构建，所以直白简单地呈现城市文化恐怕难以真正传

递出本真的记忆。首先，旅游城市的整体细节打造十分重要，细节的打造可以从五感出发，从而构建出一个城市的记忆场景，让游客置身其中。但细节的雕刻也并不是从各方面简单补齐的，细节之间应当是有逻辑的。例如，四川成都有“最宜居城市”之美称，笔者通过实地调研发现，成都地区的方言特色明显，川派的园林风格突出，游客在街头巷角中就可以感受当地独特的文化氛围，如锦里古街，其在声色、味道、视觉等多重细节的合力中勾勒出古时蜀地的旧场景。

### （三）立足地方化策略，发出特色城市声音

旅游业的竞争日趋激烈，旅游地也在不断地创新以吸引游客，但是在竞争的过程中，旅游地迷恋创新、盲目创新的例子也不在少数，甚至有景区通过策划低俗猎奇的活动以谋求“新意”。此外，普通话的普及影响了地方方言的多样化，地方方言、本土民歌、童谣、戏剧等非物质性的文化正日渐式微，但事实上，从文化记忆的视角出发，文化不仅仅只是显现出来的文化，物质性的博物馆、文献和非物质性的戏曲、民歌、方言中同样隐藏着文化的影子。旅游城市品牌的塑造，是对文化记忆碎片的还原。

旅游城市的品牌传播策略可以从诸多视角进行尝试，但文化始终是城市文明的核心。在现代化的今天，文化也正在借着多样化的新技术载体被重新呈现，并且与现代文明相结合，孕育出新形态。

## 第三节　英国文化旅游传播及其保护机制

作为现代旅游业诞生地的英国，其旅游文化类型如何？其文化旅游如何传播？如何借助投融资机制确保文化旅游传播的可持续发展？政府如何推动文化与旅游二者的融合？本节将对英国文化旅游传播及其保护机制进

行详细的分析，以期为我国文化旅游的传播及在文化旅游资源的开发中如何提炼、保护、传承具有特色的民族文化提供一定的借鉴。

## 一、进取、保守并存的绅士文化传播

英国是世界上第一个工业化和城市化的国家，作为世界工业革命的摇篮，英国一度是世界第一强国，处于强大工作压力下的英国人渴望抛开冰冷的机器、空气污浊的厂房，逃离喧嚣的城市，重新投入大自然的怀抱中，因而休闲旅游得到了他们的青睐。除了贵族阶层，富裕的中产阶级、政府官员、基层工人和普通市民也纷纷加入旅游队伍，使得旅游人数剧增。1841 年，世界上第一家旅行社托马斯·库克（Thomas Cook）在英国诞生，将原先分散、自发的私人旅游活动发展为有组织、社会化的行为。

与此同时，英国掀起了“反工业社会”的文化思潮，田园乡村价值观的“英国绅士”文化获得了胜利，英国以失去世界工业强国为代价，换回了举世闻名的美丽乡村。

显然，英国绅士文化源于社会转型期，它融合了社会各阶层多种文化的价值观念。英国绅士文化不是饱食终日、无所事事、全无进取精神的颓废文化，而是张弛有度、怡然自得的生活态度，是一种融进取和保守于一体的文化价值心态。

## 二、英国旅游文化的传播类型及其文化精髓

英国有着丰富的国际元素及本土特色的历史文化资源，是世界级旅游目的地。

### （一）英国旅游文化传播的类型

英国拥有众多文化类型，如建筑文化、历史文化、宗教文化、乡村文化、时尚文化、体育文化、烹饪文化等。英国旅游文化三大关键支柱：历史建筑遗产（如伦敦塔）、文化遗产（如莎士比亚）和当代文化（如音乐、奢侈品）。

英国的国土面积不大，却拥有大批的世界遗产，截至2017年7月，英国共拥有31项世界遗产。除此以外，它还拥有众多著名的历史文化建筑，金碧辉煌的宫殿、气势恢宏的古堡庄园、宁静如画的美丽乡村、庄严肃穆的教堂、典雅幽情风格的英伦花园等，这些都让人们感受到浓郁的文化氛围，并受到相应的艺术熏陶。英国在注重古建筑物保护的同时，将历史遗产与当代文化活动完美地融合在一起，如古堡现场音乐会、博物馆时装会等。

### （二）英国旅游文化传播的精髓

英国在不断创新、开发文化资源的同时，也在无声中彰显国家形象与培养国民素养。

#### 1．王室文化与国家象征

“王室”和“女王”是英国传统文化形象的代表。作为世界上最早的君主立宪制国家，在英国，女王是至高权力的象征，同时也被视为民族利益、国家精神的代表，是维护英伦国家团结、稳定、持续发展的核心之力。

王室文化是英国旅游业的一大亮点与热点，参观王宫是很多境外游客前往英国旅游的项目之一。例如，女王的办公重地白金汉宫，在女王外出度假的8至9月对游客开放。在王室文化旅游中，游客惊叹于王宫的奢华，也能欣赏到皇家历代收藏的精美艺术品。2012年，威廉王子和凯特王妃的大婚对英国旅游业也起到了有效的推广作用。

#### 2．博物馆文化与国民素养的培养

英国是博物馆的发祥地。迄今为止，英国约有2 500多家博物馆，其中包括国家级博物馆、公共博物馆、大学博物馆、地区性政府博物馆和近千家独立博物馆。始建于1753年的大英博物馆已经发展成为世界最大的综合性博物馆之一，约有一半的英国人每年至少一次到访该博物馆。参观博物馆和画廊也是85%的境外游客来英国旅游的主要目的之一。

早在2011年，英国国立博物馆和画廊就全部免费向公众开放。博物馆一直是英国中小学教育的重要环节与内容，博物馆成为传承历史文化、培养学生创新思维的场所，英国大大小小的城市都因博物馆文化而丰满起来。

### 3．演艺文化与公民艺术品位的提升

演艺文化也是英国旅游文化的热点。伦敦西区几十家剧院常年上演经典剧目，如《悲惨世界》。莎士比亚戏剧作为英国的传统保留剧目更是经久不衰，同时，英国的演艺剧目也不断推陈出新，大胆前卫的艺术表演形式比比皆是。

同时，英国文化节庆的规模也在不断扩大，如诺丁山艺术节、泰晤士河艺术节等。每年夏季，苏格兰的爱丁堡国际艺术节更是盛况空前，威尔士图书节也是享誉欧洲的重要文化活动。艺术节展现了英国丰富多彩的民间文化，也不断培养与提升了民众的艺术品位。

### 4．教育学府与国际领袖的培养摇篮

英国是高等教育最发达的国家之一，拥有全球最完善的教育系统。除了享誉全球的牛津大学和剑桥大学，还有维多利亚时代创建的六大重要工业城的大学：伯明翰大学、曼彻斯特大学、布里斯托大学、利兹大学、谢菲尔德大学和利物浦大学，它们被誉为“红砖大学”，是英格兰地区最著名、最顶尖的老牌名校，不仅校园环境优美，学院建筑壮观，同时也培养出了大批的领袖和人才。仅以牛津大学这所英国历史最悠久的名校为例，其先后培养出了英国历史上6位国王和27位首相，以及数十位其他国家的元首、政商界领袖，如新加坡前总理李光耀等。截至2017年，共有69位诺贝尔奖得主曾在牛津大学学习或工作过。

英国政府深谙游客希望领略世界名校风范的心理，通过借助名校品牌，深度开发其旅游文化资源，使得该国的教育资源也成为文化旅游的一大亮点。

### 5．名人故居与尊重权威

莎士比亚的戏剧，华兹华斯、雪莱和拜伦的诗歌均孕育在英国。简・奥斯汀的《傲慢与偏见》，夏洛蒂・勃朗特的《简・爱》等文学作品举世闻名，《哈利・波特》《小熊维尼》《爱丽丝梦游仙境》等作品流行全球。这些在人类历史上举足轻重的文学巨匠和作品，以及作品中的场景，都能引起游客对英国文学的怀念及对英国旅游地的熟悉感。

许多游客热衷于访问作者的出生地、故居等。英国政府便将莎士比亚故

居所在的小镇开发成了国家级文化产业项目，还原了莎士比亚所生活的时代的模样，并修建了莎士比亚博物馆、莎士比亚纪念塔、莎士比亚研究中心等，还加上了一些现代元素，使游客在这里领略莎士比亚一生的艺术成就，体验文化旅游的乐趣。

针对诸多的名人故居，英格兰文化遗产基金会早在1866年就实施了“蓝牌计划”，凡被挂上蓝牌的建筑都是属于受保护的文化遗产，均不得随便拆除。这些蓝牌建筑吸引着境内外游客，成为文化游客的追捧地。

6. 体育赛事与进取文化

这种文化源于英国人对足球运动的热爱，其中，英超联赛吸引了成千上万的国际球迷，被球迷们认为是世界上最好的足球赛事之一。在英国，每个球队都拥有相当固定的球迷团体，无论支持的球队战绩如何，球迷们都会忠诚于自己所喜爱的俱乐部，以此来表达自己与球队荣辱与共的态度。

英国还是许多体育运动的发源地，如英式橄榄球，传统的赛马等。夏季到英国温布尔登看温网公开赛、到苏格兰打高尔夫球等也逐渐成了较为高档的旅游消费项目。

7. 园艺文化与审美情趣

英国的花园和公园风情独特、举世闻名。早在18世纪初，英式花园就以其独特的艺术风格风靡欧洲大陆。时至今日，英国的园林艺术仍然受到国家的高度重视。每年切尔西、汉普顿宫和塔顿公园的花展，也是英国最具代表性的花艺展示，风格各异的花园吸引了大批世界各地的游客前来观赏。参观花园已被游客视为体验英国优雅生活的旅游项目之一。

8. 工业遗址与奋进精神

英国是世界上第一个开展工业旅游的国家，其工业旅游景点约占本国文化旅游景点的四分之一。英国政府特别重视保护、开发和利用工业革命历史时期的文化遗迹。如铁桥峡谷是世界上第一个以工业而闻名的世界遗产，早在1986年，便被联合国教科文组织正式列入世界自然文化遗产名录；又如英格兰作为工业革命的发源地，其西北部地区的棉花、煤炭、蒸汽机、丝绸等行业的成功，使得曼彻斯特的工业博物馆及利物浦的艾伯特码头成为工业文化旅游的热点；再如伦敦著名的泰特现代艺术馆，就是在一座旧发电站的基础上改建而成，其保留了原有发电站的结构和特色，成为伦敦泰晤士河南岸的标志性建筑。

9. 乡村田园与心灵回归

英国前首相斯坦利·鲍德温（Stanley Baldwin）曾说：“英格兰就是乡村，乡村才是英格兰。”英国人固执地认为他们的灵魂一直在乡村。除了伦敦和一些重要的工业中心，英国的其他地区为加强对乡村文明和生态的保护，规划出了大片的“国家公园”，使得整个英国仍然保持着一派田园景象。

10. 酒吧夜店与青春活力

传统的英国酒吧、夜店对游客有着绝对的吸引力。在这里，游客不仅可以体验正宗的英式酒文化，还可以体验当地的风土人情。颇具现代元素的英国夜店和俱乐部对年轻人，特别是欧美游客非常有吸引力，酒吧文化已经成了英国文化旅游的重要品牌。

11. 英式餐饮与品位生活

英伦的特色美食、餐厅对多数游客来说具有强大的吸引力，英式早餐、下午茶也成为英国文化旅游中的重要部分。众多游客选择传统的英伦餐饮，更多的是想感受一下英式文化的氛围和礼仪。

英国本土的餐饮文化相对单一刻板，是英国旅游文化稍薄弱的一环，但仍然不失让人一探究竟的吸引力，英式的瓷具、英式茶也非常吸引外国游客。

12. 英伦生活与创意人生

到英国看音乐剧、现代剧，也是对很多外国游客具有绝对吸引力的文化旅游项目之一，特别是对女性游客。著名的音乐剧常常是一票难求。

对于大批境外游客而言，在英国购物也是必不可少的旅游项目之一。伦敦时装周作为世界四大时装周之一，吸引了大批时尚男女。在英国，不仅可以购买到世界级的时尚品牌服饰，还可以找到英国特色的本土品牌服饰，其良好的购物环境也给游客带来了很好的体验。

## 三、英国投融资保护机制下的文化旅游传播

英国旅游文化有助于提升其国家形象，其持续性靠的是一整套完备的投融资机制。英国一系列配套的投融资保护机制是其旅游业可持续发展的有力保障，也是文化旅游传播的保证。

在投融资机制里，英国政府起到的是引导作用，其积极帮助中小型文化企业进行融资，动员和挖掘社会各方力量去发展文化，并促成文化创意资产朝证券化方向发展。

英国政府还会主动整合相关行业协会，促成各类科学、技术和艺术基金会的建立，有机地将政府、银行、基金会和文化产业相融合，以期为相关文化产业注入资金。如政府鼓励相关机构发行国家彩票，通过各种文化创意进行社会集资，将文化创意资产证券化，使得相关文化产业部门迅速获得大量资金，加快了资金的流转速度。

与此同时，英国政府还是有力的监督管理机构，“公私合伙制”的 PPP（Public Private Partner-ship）模式已成为文化遗产保护和开发的主要融资模式。

### （一）政府通过“一臂之距”间接管理文化企业

英国政府相应的文化保护资金，是由各种团体具体负责的，这些团体承担了实际的运作工作。英国政府明确向这些团体提出政府目标，例如，文化遗产的保护和开发利用是关键；艺术活动的创新和多样化；对外文化交流及英国文化教育在全世界的传播；让国民能够享受最好的资源；不断拓展国民参加文化生活的渠道；确保民众获得最好的公共文化服务；通过开展文化活动提升国民的生活质量等。

英国政府部门不直接干预文化旅游等相关产业。就博物馆的发展而言，英国政府部门只是提出一系列非强制性和鼓励性的建议，并不直接干预博物馆的日常运作，同时也为博物馆提供对应的政策支持，并借助财政拨款及中介机构来实现政府的管理意志。例如，作为非政府公共文化机构的英格兰艺术委员会（The Arts Council of England）就是英国政府间接管理文化艺术

领域的中介机构。此外，各地级博物馆也可以通过地方文化艺术委员会等中介机构来获取经费、发展业务。这种“一臂之距”的管理方式，成为英国政府对文化产业进行间接管理的有效方式。

## （二）保护英国旅游文化的最主要资金来源

英国用于文化保护的社会公益基金，主要来源于英国国家遗产基金会负责管理的英国遗产彩票基金（Heritage Lottery Fund），政府借助发行彩票等方式筹集资金，用以保护本国文化资源。

这些社会公益基金会具有明确的宗旨：一是保护英国多元文化遗产，供现在的人们和后世子孙体验与欣赏；二是号召有识之士积极参与文化遗产保护；三是帮助人们认识文化遗产。

除了英格兰遗产保护基金（English Heritage），英国还拥有众多的文化遗产保护基金会，如加菲尔德威斯顿基金会（Garfield Weston Foundation）、海德雷信托基金会（Headley Trust）、沃弗森基金会（Wolfson Foundation）、林博瑞信托基金会（Linbury Trust）和菲迪丽特基金会（Fidelity UK Foundation）等。

## （三）文化旅游的补充资金

遗产捐赠、房产捐赠等社会捐赠属于英国文化保护的社会志愿资金。英国的法律明确规定，如遗产继承人无力以现金形式支付相应的遗产税，便必须将遗产捐献给国家或者其他基金会组织。这一规定为英国文化旅游带来了巨大的资金帮助。

民间团体和文化遗产管理机构的商业经营收入也是英国文化旅游的重要补充资金。如英格兰遗产保护基金出版的与文化遗产相关的旅游书籍《英国遗产指南》系列丛书，不仅为游客呈现出文化遗产背后的历史脉络，还通过线上、线下出售旅游纪念品和各类文创产品的方式，为基金会带来了大笔的经营收益。

### （四）英国旅游文化的主要融资模式

上文提到的 PPP 模式是以特许权协议为基础，由公共部门和私营部门共同承担责任与融资风险，进行伙伴式合作的一种模式。英国是 PPP 模式的发源地，也是目前世界上 PPP 项目规模最大、涉及领域最广的国家，PPP 也成为旅游文化资源开发融资渠道最主要的模式，并且已经形成了完善的管理与评价体系。

仅以被联合国教科文组织评为世界文化遗产“最大、最为完整的历史船坞体系”的利物浦为例，其整体仓储建筑和设施虽然之前已经被列为英国最高级别的工业建筑文化遗产，但由于业主方面连年亏损，对该建筑又疏于管理和维护，所以该文化遗产被“日渐冷落”。后其被利物浦市政府规划为历史文化保护区，通过资产交托令，由默西赛德郡城市发展公司（Merseyside Development Corporation）得到全部土地，出资进行基础设施改造，并吸纳私人资金，引入“甲壳虫乐队故事”纪念馆（The Beatles Story）、泰特利物浦美术馆（Tate Liverpool）等，这成为英国文化旅游产业 PPP 融资模式的典型案例。

英国的文化和旅游相结合发展表明，文化和旅游二者密不可分，旅游业及其产品的竞争实质皆为文化的竞争。旅游文化将随着当下经济的发展焕发生机，并成为传播国家形象的重要载体之一。

## 第四节　“一带一路”背景下旅游文化的国际传播

随着“一带一路”倡议的提出与推进，中国要比以往任何时候都需要传播自己的声音、讲述自己的故事。面对这样的发展形势，我们必须加强旅游文化的传播工作，旅游文化传播面临的最大的问题是如何在异质文化语境中实现跨文化传播。本节主要探讨在“一带一路”背景下，如何促进旅游文化的国际传播，进而分享文化成果，弘扬我国悠久的历史文化。

## 一、文化震惊与旅游文化传播

促使游客旅游的文化动机就是游客想体验异质文化，客源地的文化与目的地的文化落差越大，旅游资源越丰富，就越能激发游客的好奇心，游客所产生的文化震惊也就越大。

文化震惊是指某人进入一种新文化环境时所经历的落差和冲击，在跨文化交流中也称之为“文化冲击”“文化休克”。美国人类学家奥伯格（Kalvero Oberg）认为文化震惊是由于游客失去了自己所熟悉的社会交往信号和符号，打破了其认知心理平衡，对不熟悉的社会符号产生了深度焦。换句话说，文化震惊是游客所接受的文化与目的地文化不一致所造成的。

文化震惊对游客会产生正向作用和负向作用。所谓正向作用是指适度的文化震惊可以给游客带来心理上的期待，提升他们对旅游过程的兴趣，从而使他们能够理解旅游中所发生的文化差异和冲突。而负向作用会带来跨文化交流障碍，破坏游客出行的本来目的。因此，只有消除或减少负向作用，或者把负向作用转向正向作用，才能使旅游成为游客增长见识和阅历的有意义的过程。这就要求旅游目的地做好旅游文化的传播工作，充分展示本土文化特色，让游客了解目的地文化，从而达到理解并接受目的地文化的目的，实现旅游文化的有效交流和传播。因此，旅游地在传播旅游文化时要充分考虑到游客的文化身份背景，尽量挖掘两者的共同点，再突出自己的旅游文化特色，使得游客有效地适应异质文化。

文化是借助符号来传播的，符号在传播中带有一定的意义，这种意义就是文化价值，因此传播是文化的传播。语言符号是人类最基本的符号系统，是人类交际的重要工具。符号的意义实质上是人类精神层面的交流，是人对自然事物或社会事物的认识。语言既是跨文化交流的工具，也是了解异国他乡文化的渠道。

不同文化背景下的信息的编码、译码就是跨文化交际。在语言翻译过程中，只注重语义信息的传递而忽视文化信息，是难以反映源语的思想，无法进行有效的交流和传播的。翻译的任务不仅是解读源语符号，还需要破解源语的非语言符号——文化内涵。语言转换是表层的，文化信息的传递才是翻译的本质。例如，非机动车辆禁止入内（Motor Vehicles Only）；仅供紧急情况下使用（Emergency Use Only）；游客止步、非工作人员禁止入内、职工停车场（Staff Only）；残疾人通道（Handicapped Only）。以上表示“禁止”“仅供”“止步”“为……专用”等警示语，紧密联系了英语的语境，采取了换位思考的方法，简明扼要、表达地道，达到了有效交流、功能对等的目的。

与其他类型的翻译相比，旅游翻译在跨文化交际中表现得更为直接、更为突出、更为典型、更为全面。旅游英语有明确的目的和服务对象，它能够为国际游客提供旅游文化信息。

文化涉及的范围广泛，且错综复杂，人们在理解异质文化时，总是无意识地带着自身文化的价值尺度。人们常常按照自身的文化传统、思维方式去解读另一种文化，原有的“视阈”决定了人们对另一种文化的选择和切割，但正是由于存在文化差异，各文化体系之间才有可能相互借鉴。一个人到新的环境中去旅游，首先需要的就是客观地看待事物，这个过程就是文化的适应过程。

## 二、旅游文化翻译与传播

### （一）旅游文本翻译中的文化回归

随着中国国力的增强，文化影响力作为国家软实力的一部分，在海外扮演着越来越重要的角色。事实上，语言是中国文化产品“走出去”的一大障碍。旅游文本属于信息型和呼唤型文本，主要向人们提供各种旅游信息，包括相关的历史、地理、人文等方面的知识，使人们对景点有更多的了解，从而激发人们的旅游兴趣。

在旅游中如何有效地进行跨文化交流？一是要求传播者有正确理解对

方语言和文化背景的能力；二是能够根据对方接收信息的方式进行正确的表达。跨文化能力就是能够换位思考，充分体会对方的立场和观点，并能以开放的姿态来看待其他文化。德国功能学派代表人物诺德（Christiane Nord）把翻译看作一种有目的的活动。旅游文化翻译的目的很明确，就是为外国游客提供语言服务，最终达到交流信息和传播文化的目的。因此，译文在忠实原文的基础上应符合外国游客的语言习惯和思维方式，且具有可读性，能够为他们所接受。

在旅游文本中，经常出现特色鲜明、有独特民族风情和文化背景的专有名词，解释性或者释义性翻译有助于补充文化信息，传递文化内涵，增强译文的可读性和可理解性。这些解释和释义毫无疑问有助于游客理解景点及其内涵，从而传递景区文化信息，达到激发游客游览兴趣的目的。

### （二）旅游文化传播的有效性

旅游文化传播就是要将中国文化源源不断地推向世界，同时要把国际文化的精髓引入我们的生活。传播既是信息交流的过程，也是文化互动的过程。传播可以促进旅游地形象地位的提升，改善游客和目的地人们之间的交流沟通，旅游活动本身就是文化信息传播的过程。旅游传播的目的就是充分实现人类各民族文化成果的交流与共享，有效的旅游传播能够真实地反映当地文化，以满足游客求新求异的审美需求。

旅游文化传播的有效性旨在使信息传播更为流畅、简洁、直接。著名的汉学专家霍克斯（David Hawkes）将《红楼梦》中名句“谋事在人，成事在天”译为“Man proposes,God disposes.”，有效地传递了原文的文化信息。传播的有效性主要体现在语言、文化、思维、价值取向等多方面的认同，这样才能让游客了解和熟悉异质文化，促进文化交流。要与游客建立共识领域，保障信息渠道通畅，这是语言的传播交流中至关重要的一方面。在交流过程中要尊重文化差异，要了解客源国的政治、经济、历史、地理、风土人情等，进一步扩大共识领域，促进深层次的交流，进而分享文化成果，促进文明进步。

## 三、旅游文化传播战略

翻译活动是跨文化的传播活动，它以特有的方式促进中华文明的发展，调节中外文化交流中产生的文化震惊。如何完善旅游文化的传播途径，是当前亟待解决的问题。

### （一）跨文化旅游人才战略

旅游文化的翻译和传播是一门综合性、实践性的学科。旅游翻译若有失精准，会导致游客对本国文化产生误解，甚至出现文化冲突。从事旅游宣传的人员是文化传播的使者，其应当受过系统的跨文化、跨学科训练，这已经不是单纯的人才培养问题，而是业界的呼吁和要求。全国各地普遍缺乏优秀的旅游翻译人才，旅游翻译人才的培养要立足于本土的实际需求，通过校地、校企结合，有针对性地探索出高效的培养模式。

### （二）旅游资源翻译语料库战略

目前，旅游翻译还存在很多问题，主要原因是缺乏有效的管理机制，翻译的文本质量也良莠不齐。针对这些现象，相关部门可以建立旅游外宣准入制度，多方审核，确保质量。还可以尝试建立旅游资源翻译语料库，为旅游翻译工作提供方便有效的参考和指导，如北京第二外国语学院公示语翻译研究中心开发的公示语翻译语料库。旅游涉及的专业广、行业多，旅游翻译语料库的建设应关注相关学术研究和翻译的实践需求，使翻译研究者和翻译实践者可以进行参考、使用和共享。只有有了高质量的翻译文本，才能确保旅游文化的有效传播。

### （三）旅游文化品牌建设战略

旅游文化品牌是向世界展现自我的名片标识，旅游文化品牌的打造是多领域协同合作的结果。旅游文化传播的关键是要充分利用文化旅游产业的资源优势，明确传播目标。旅游文化品牌建设的硬环境很重要，软环境更不可忽视。旅游文化品牌建设和传播既要有行业的硬促销，还要了解目标市场消费群体的消费行为和文化倾向，充分掌握宏观文化、微观文化、语境因素、受众心理状态、语言风格，以及不同传播媒介的特点等，进而制作出使受众满意的旅游宣传材料。

## 第五节 媒介生态与红色旅游文化的对外传播

### 一、红色旅游与媒介生态系统

近年来，红色旅游已成为特色旅游项目，开始绽放生机与活力。红色旅游是中国革命历史与经济时代发展相结合的产物，红色旅游文化向外迁移的过程就是将中国发展史与外界共享的过程，同时也展现了中国的价值理念、思维方式和历史渊源。红色旅游的对外传播事关我国的文化形象和价值理念，也是中国表达文化自信、参与世界文明对话、构建权力话语体系的重要组成部分。

媒介生态系统是一种基于整体主义，以信息传授和媒介买卖为基点，把人、媒介及其生态环境联结为一种网状的结构性存在的系统。媒介生态系统不单纯考虑个体参与度，而是遵从群体的相互关联与相互作用；它也不会只考虑生态系统生存所必需的经济效益，还会着眼于“人的全面发展与进化”和更深刻的社会关联性，将竞争共生、和谐高效的社会整体效益放在首位。

### 二、红色旅游文化对外传播的现状及问题

红色旅游文化所承载的追求人类民主和平、独立公平的精神在世界各国具有共通性，国外虽没有明确的红色旅游文化的说法，但有与之类似的绿色旅游文化、黑色旅游文化等，借以唤醒民众对生命和生活的回忆，不忘历

史，共建未来。红色旅游文化的对外传播不能只追求经济效益，还涉及国家文化意识、价值形态、权力话语的对外传播，我们必须考虑社会、政治、文化等方面的现状和问题。

### （一）片面追求短期利益，破坏红色文化对外传播的整体生态环境

在不同时期，国家会有不同的话语主旨和传播准则。不同文化所呈现的语言、交际、政治、经济、社会环境本不相同，在对外传播的内容编排上，不能仅仅为了追求红色旅游“国际化”的速度而漠视监管制度，违背传播原则。2009 年之后，红色旅游的大小景点为了彰显其国际化发展策略，多配有英译本，令人遗憾的是，个别红色旅游景点外宣译本制作粗糙，文字生硬，无法将红色旅游文化所承载的精神世界展现给外国游客。

### （二）不顾受众实际需求和接受能力，对外传播的接受度不高

红色文化本具有鲜明的中国特色，在对外传播的过程中，传播内容的接受度和读者的共鸣度必须被纳入考虑范畴。红色文化的对外传播，要在新的语言、文化、交际中谋求“生存”，乃至“长存”。对于译语受众而言，理解红色文化所赋予的价值理念的最大困境不在于语言不通，而是对具体历史事件所处的时代背景、文化理念的认识模糊不清。

### （三）对外传播创新力度不够，人文因素不能得到充分体现

红色旅游景区带火了其附近的农家餐馆、农家旅社等配套设施，但很多周边景区群众只顾追求经济利益，对该地区红色旅游文化的渊源和发展知之甚少，无法与当地政府部门形成合力，对外推广红色旅游文化。红色旅游文化对外宣传多依赖传统的纸质媒体，传播方式比较单一，宣传内容也有很多差错，大到文化背景缺失、篇章结构混乱、术语选用不当，小到单词拼写错误、专有名词译法不统一，这使得红色文化对外宣传的可信度降低，缺乏感染力。现代社会的大众在很大程度上不是生活在传统的政治、经济环境中，而是生活在媒介所创造的社会环境中，对外传播者必须正确认识到自己在

传播红色文化过程中所担负的责任，大到红色文化对外传播的宏观风格选择，小到微观层面的遣词造句，都是其应当承担的传播责任。

## 三、红色旅游文化对外传播的原则及策略

### （一）红色旅游文化对外传播的原则

#### 1. 引发情感共鸣

红色文化因其与特定民族的历史密不可分，所以它具有很高的文化价值，对于那些想了解文化、探明真相、追根溯源的人们来说，红色文化的对外传播可以让他们得到情感上的满足。不论是对实体的具体感知，还是对思想的抽象感悟，都能够引起游客的情感共鸣。没有经历过那段历史的游客是无法想象中国革命先驱者的顽强斗志的，也无法想象中国人民是怎样挑战自己的极限、击退列强的侵略，并最终取得胜利的。红色旅游的对外传播在传递真实信息的同时，也在引发受传者对所传递的红色文化的情感共鸣。当受传者在情感上与传播主体达成一致，就比较容易接受所传输的信息，就会更倾向于对传播的文化进行内化。

情感是人类永恒的主题，旅游是文化传播的最佳途径，红色文化对外传播的效果在于红色旅游翻译的品质能否引发受传者的情感共鸣。当游客和红色旅游译本发生情感共鸣时，红色文化就能超越地区、种族、民族的局限。

#### 2. 传递中国价值

红色旅游的勃勃生机来源于其所蕴含的价值理念和传播方式。对外传播旨在引领舆论方向，加大国际影响。对外传播红色旅游文化不是传递传播者的个人爱好，而是向受众介绍中国的红色文化。中国的红色文化是中国文化中不可或缺的一部分，很多西方游客都试图了解中国的历史，他们对红色文化不仅仅怀有猎奇心理，还有一种复杂而矛盾的心态。红色文化所弘扬的那种集体对信念的执着、对理想的追求，对西方社会强调个人英雄主义的价值观产生了冲击。一方面，西方社会目睹“利益至上”的价值理念正不断地消解本民族的向心力和凝聚力，他们渴望得到一剂“良药”来挽救民族文化

的迷失；另一方面，西方国家有些人仍然存在“文化傲慢”，对于“异己文化”持排斥态度，他们有意无意地将我们的红色文化等同为“革命文化”“暴力文化”“专制文化”，从消极的角度给予解释。我们的传播策略不在乎是“归化”还是“异化”，更主要的是展现一种大国淡然处之的态度，走向文化自信的中国更明白自己需要传播什么，而不会让自己的核心价值理念在盲从中产生混乱。

## （二）红色旅游对外传播的策略

### 1. 传播环境生态策略

红色旅游文化对外传播，其核心就是传播中国价值观，但有些历史文化不仅是译语受众，就是母语受众也需借助文化语境来了解那段历史，此时我们需要重新构建红色旅游文化的媒介生态环境。传播者在提供正确信息时，也会关注信息所产生的影响效力。传播者关注的角度不同，传播方式的选择就不同。根据“意见领袖”理论的观点，传播者就好比红色文化对外传播的“意见领袖”，其掌握着“发言权”，对外所传递的信息会以“先入为主”的方式占据受传者的思维，所以，红色文化的对外传播是否成功，在很大程度上依赖于传播者对文化的整体理解度，这又取决于红色文化所处的整体生态环境。我们需要借助各种媒介，尤其是国外知名个人网站、文化评论家、博主等，将红色文化传递给他们，再由他们传递给周围普通的受众，从而实现信息扩散。

### 2. 社会效益优先策略

受众需要借助媒介找到自己的需求，媒介也需要在社会系统中得到应有的资源，受众和媒介的良性互动可以使彼此的利益最大化。媒介生态系统想要实现生存和发展，一方面，要保持各种要素之间的和谐平衡，使传播内容实现语言、文化、交际的多项平衡，也就是通过语言表达红色文化的内涵与思想，使受众明白红色旅游景点的背后是血雨腥风、荡气回肠的斗争和中国人民为反奴役、反压迫而进行的无数可歌可泣的战役，从而实现交际目的。另一方面，要使媒介生态系统的传播要素和资源要素之间产生动态合理循环，需要遵循传播规律。很多时候，媒介的特性会刷新受众对特定文化的认识，与此相比，这种文化所承载的内容反而处于次要地位，更准确地说，媒介已成为内容的一部分。社会效益不仅体现在经济效益方面，还体现在群体认同、红色文化话语权利、中国整体形象等方面。媒介生态系统要求我们对红色文化的叙述不能止步于文字和纸质印刷品，还要运用动态的线上音频、视频，改变过去宏大的叙述方式，而采用微观描述的叙述方式。

### 3. 良性竞争循环策略

媒介生态系统体现了和谐社会的本质。要倡导社会和谐发展，就要使各个媒介既能在竞争中共生，又能在竞争中发展；既能在红色旅游文化的对外传播中发挥个性，也能体现共性。强势媒介未必是最佳适应者，而最佳适应者一定会成为强势媒介，媒介的多样性应是实现媒介与社会发展及二者良性互动的重要途径。中小型媒介应该顺应形势、遵循规律，应根据自身特性确立发展思路和运营模式，而不应该盲目跟风。这就要求红色旅游文化在对外传播中应避免同质竞争，中小型媒介在传播时需做出特色，明确自己的受众范围，利用“船小好调头”的灵活易变优势抓住细节。同时，红色文化传播涉及意识形态和对外话语权利，这赋予了媒介更多的社会责任。媒介有必要建立事后追惩机制，对传播平台上的内容、信息流、视频、短视频进行严格把关，强调人在媒介生态传播中的主体地位，特别对不具备相应从业资格、仅为谋求自身经济利益而不顾国家形象的传播者，应采用再次培训、从业限制等方式进行事后追惩，使传播者以更大的社会责任感进入传播语境。

## 第六节 文化自信语境下我国旅游地的形象塑造

文化自信可以加速我国旅游业的转型升级。旅游地的文化符号，包括资源文化符号、地标文化符号等，是我国旅游业转型升级中应该被充分利用的重要资源。旅游可以传播文化自信，文化展示是我国旅游地形象传播的重要内容。

## 一、文化自信是我国旅游业转型升级的加速器

文化自信是对自身文化在过去、现在和将来价值的充分肯定，是一个国家、一个民族、一个政党健康成熟的标志。我们讲的文化自信，是坚持社会主义先进文化前进方向的自信。今天，我们强调文化自信，就是要引导干部群众通过树立文化自信，坚定对中国特色社会主义制度的信心，奋力投身实现“两个一百年”奋斗目标、实现中华民族伟大复兴的生动实践。

英国历史学家阿诺德·约瑟夫·汤因比（Arnold Joseph Toynbee）认为，世界上曾存在26个文明形态，唯独中国的文明从未间断。五千年文明的生生不息造就了丰富的文化遗产，包括物质形态的文化遗存和非物质形态的文化遗产，这是我国旅游业最具吸引力的宝贵资源，也是我国旅游业实现转型升级的原动力和加速器。

在旅游业亟待转型的当下，旅游业需要优化升级。文化与旅游相融合有利于推动旅游业的优化升级。目前，市面上的旅游产品品种较为单一，大多以游览观光为主，缺少一些文化气息浓厚、比较高端的创意旅游产品。如果能推出具有文化附加值的旅游产品，就能进一步满足游客的需求，创造更多的利润，还能够提高旅游业的服务质量，提升服务品质，促进产业的升级转型。具体如下：

整合资源，重视旅游业品牌建设。企业品牌文化能够体现一个企业的精神风貌和核心理念，其不仅是一种经济现象，更是一种文化现象。近年来，各地依托自身丰富的旅游文化资源，结合现代品牌建设理念，不断进行旅游产品的品牌包装，常见的形式有文化旅游节等。

提升内涵，推动文化旅游业转型升级。要实现文化旅游深度融合，促进文化旅游业优化升级，需要将我国的优秀文化资源和旅游资源相结合。首先，要做到精确掌握并积极整合历史文化资源，结合自然风光景点，推动文旅融

合的进程，规划出以优质文化为主导的新蓝图。其次，制定和完善文化旅游业相关政策，通过优惠政策引导文旅融合发展，出台相关法律法规，规范奖惩办法，鼓励各省市建设文化旅游品牌，打造文化旅游精品，促进文化旅游业的优化升级。

## 二、旅游地形象塑造中的文化符号应用

旅游形象感知作为近些年旅游业的热点，也成为国内外学者研究的重点。由于旅游产品具有不可移动性的特点，游客往往会根据旅游目的地的实地符号产生动机、作出决策，又依靠旅游目的地的实地符号获得实际形象感知。海南大学旅游学院教授谢彦君曾指出，旅游是由各种符号构成的，旅游体验的本质是一种与符号互动的现象，旅游体验的过程实际上是符号解读的过程。四川师范大学历史文化与旅游学院教授谢元鲁认为旅游文化象征的符号化可以推进旅游形象的宣传营销，有利于旅游景点的集中展示，也便于旅游文化景观形式化、戏剧化，进而将其发展为文化商品。这些研究表明，旅游地的形象塑造必须充分应用文化符号，进而充分展示文化自信。

旅游目的地是文化符号的集合。旅游地是由旅游景区、景点和服务基础设施构成的综合体。游客对旅游地形象的感知依赖于旅游地传达出的各种信息的集合，其不仅包括旅游地本身所展现的一切景观和设施，还包括用以描述旅游地的文字、图像、声音等各种信息。因此，旅游地可以看作一个充斥着各种符号的集合体，旅游地的文化符号包括四种：资源文化符号，即在历史发展进程中形成的、代表旅游地特色的文化资源和自然景观资源；标语文化符号，即能够准确传播旅游地形象的口号等；地标文化符号，旅游地最具代表性、最能体现当地特色的建筑、景区、雕塑等，是旅游中介者对外进行形象宣传时的主要符号，对游客有着巨大的吸引力，如中国的长城；其他文化符号，如节日文化等。

旅游地形象塑造中的文化符号应用主要有四个方面：第一是旅游地主题定位。旅游地的主题定位是通过充分评价旅游地的旅游文化，找出本地旅

游文化符号与其他旅游地旅游文化符号的差别，立足于本地的旅游文化符号来进行的，包括旅游地的景观综合形象和主要形象定位、建筑格调造型设计、标识系统设计、宣传策划等内容。通过以上内容的设计，多维度地展现旅游地的旅游文化，引导游客从不同侧面认知旅游地的旅游文化符号。第二是本地特色旅游产品的设计与开发。成功的旅游产品设计既要突出主题文化，又要注重本地特色文化符号的表现形式。常见的表现形式有景静人静的陈列观光型、景动人静的表演欣赏型、人景互动的主体参与型三种。第三是旅游商品设计与开发，包括旅游纪念品、旅游工艺品、旅游用品、旅游装备品等。它们是传递旅游地文化信息、推广旅游地文化符号的信息载体。第四是旅游中介的文化塑造，它包括旅游企业的价值观、企业道德、企业精神、企业经营作风等方面，是旅游地文化符号的内在体现。因此，旅游地要从不同层面着手，把文化作为主线来统一旅游地的形象塑造、旅游产品设计与开发、旅游商品设计与开发和旅游中介的文化塑造。

## 三、坚持文化自信与我国旅游地的形象传播

坚持文化自信为优化旅游表达提供了价值导向和核心主线。我们要弘扬社会主义核心价值观，弘扬以爱国主义为核心的民族精神和以改革创新为核心的时代精神，不断增强全党全国各族人民的精神力量。这既是国家文化建设的价值观，也是旅游业发展的价值导向和核心主线。旅游表达通过实地感知与体验，获得对一个国家、一个地区的深度了解与认知，是一种更为全面、真实、深入、生动而且具有主客在场互动特征的文化表达方式。同时，旅游可以丰富文化表现形式，也可以提高人们对我国优秀文化的认知程度。近年来，红色旅游市场非常火热，受到游客和社会各界的广泛好评，这与旅游的特性有着密切的关系。与传统的通过书籍等宣扬革命精神、民族精神的方式相比，旅游消费现场体验的特点可以使文化传播和认知有更强的真实性和趣味性，能够增加人们对文化的接受度和认可度，从而有助于树立文化自信。

坚持文化自信为旅游开发、旅游表达提供了文化资源内容标准，有助于防止某些错误倾向。目前，我国已有较多向海外输出的出版物，其影响也在不断提升。但相比之下，旅游是更值得重视的文化传播方式，旅游的场景性和体验性使文化传播过程更加生动、富有趣味性，更加容易受到传播对象的认可。我们有必要从游客出发前、旅行过程中、旅行结束后三个阶段来研究如何促进文化传播。

当游客来我国旅游时，旅游地形象传播的重心转移到了目的地国家的旅游形象和文化展示方式上。这一文化感知过程是对外文化传播的关键环节。文化内涵大体可以分为外层、中层和内核三个层面，其中外层是物质文化，即具有象征意义和文化含义的器物；中层是艺术文化，这里指的是广义的艺术，既包括电影、音乐、戏剧、文学等各种传统艺术形式，也包括各种民俗文化；内核是思想文化，主要包括价值观念、道德规范、宗教信仰、思维方式和审美趣味，它是一个民族和国家的文化中最本质和最具有特性的东西。由此大致可以分析出，在旅游中，我国当地的人文景观、旅游商品等是外层的物质文化；当地的民俗风情、文化演出等是中层的艺术文化；这些人文景观、历史、民俗风情、文化演出中所蕴含的思维方式与审美趣味则是内核的思想文化。

文化自信源于文化理解，旅游是促进文化理解最好的方式之一。庞大的旅游群体对于文化传播来说是一个值得关注和利用的，发展旅游能够为文化自信提供充沛的动力。发展旅游的重要目的之一就是要使厚重的文化变得可以让游客轻松理解，通过文化的故事化、文化的科技化、文化的可视化，让文化转变为可以被游客吸收的养分，让文化被游客所领会和理解。

# 第七节　导游人员与旅游文化的传播

游客所了解的目的地文化通常是由旅游目的地的旅游中介机构和导游人员安排的。欧文·戈夫曼（Erving Goffman）把人生比作一个大舞台，并提出了“前台”与“后台”的观点，这一观点被威廉·麦克内尔（William H. McNeill）引用到了旅游业研究中。麦克内尔认为文化旅游产品被当作“真实”而向游客展示，也就是所谓的“文化商品化”。由此可见，导游的传播方式与传播内容都配合着“舞台化”的设置，传播特点也带上了“舞台化”所展示的色彩。谈及旅游传播中的“舞台化”，就要关注旅游的“真实性”。值得一提的是，虽然游客经常面对的是带有“装饰性符号”的前台部分，但这不应断言游客所看到的是“虚伪的事实”。按照美国人类学家马歇尔·大卫·萨林斯（Marshall David Sahlins）对“真实”的解释，那是“一只看不见的手”，它既不是由东道主提供的，也不是由游客提供的，而是存在于“展演结构”的“实际行为”与“符号意义”的关系中，即游客所看到是已经被包装好的“事实”，而非真正意义上的“事实”，可恰恰游客需要认知的是真正意义上的“事实”部分。

## 一、旅游文化的传播途径

### （一）导游讲解是旅游文化传播的有效途径

导游讲解是对当年历史事实的一个缩影。历史是存在于古文献之中，停留在古遗迹、古遗址当中的，那么如何让历史活在人们的心中呢？主要途径之一就是通过导游人员生动形象的讲解让游客印象深刻，使游客记住当年的历史人物及发生在他们身上的事情，并使游客产生联想，把历史与现实联系起来。通过导游讲解，能使游客追忆过去、立足现在、展望未来。

### （二）游客与旅游目的地民众的直接接触

游客每到达一个旅游目的地，会用眼睛去看，用耳朵去听，用脑子去想，他们所看到的、听到的、思考过的，就是旅游文化的接收过程。还有游客与当地民众的交流与沟通，在这一过程中，游客可以通过观察当地民众的言谈举止来感受他们的文化，而且还可以通过他们的讲解与描述，了解在他们祖辈及自己身上曾经发生的或者是正在发生的相关事情，这也是游客用自己的方式获取旅游文化的有效途径。

### （三）游客通过购买旅游文化产品收获旅游文化

每到一个旅游景点，大多数游客都会或多或少地购买一些相关的旅游纪念品或旅游宣传品。游客购买这些旅游产品的过程，就是一种文化信息的接收过程。在游客离开旅游景点后，又会把这种文化意义带到别处、带给其他人，这就达到了旅游文化传播的目的，所以说这也是旅游文化传播的一种有效途径。

## 二、导游人员传播旅游文化的方式

文化传播的方式有两种：一种是直接的采用，即把外面来的文化要素或文化从直接接纳过来；另一种是间接传播，即一种文化要素或文化丛传入一个区域，会引起那里的人们的思索，进而使传入地的人们创造出一种新的文化。

### （一）讲解景区文化设施

旅游说讲就是为了实现游客、旅游目的地与旅游经营者、旅游管理者等和各类媒介之间的有效联系而进行的信息传播行为。旅游说讲通常需要运用各类媒介传达旅游地的各种自然或文化消息，进而加深游客和公众对自然的认识和对文化的体会。普遍来说，一些图文的旅游宣传资料，不仅会受到空间的限制，而且其所宣讲的内容在一定的期限内也是固定的，无法随时更新。导游人员的说讲是由接受过优良的专业训练和系统培训的导游人员向游客进行的积极的、动态的信息传导解说。如果缺少了导游解说，游客在景区（点）的游览除从景区标识牌获取到少量知识之外，其行程纯属走马观花。在旅游过程中，导游人员的景点解说常使游客不自觉地对景点进行再造想象，产生对景点的兴趣，这样的兴趣能起到巩固的效果，一个不起眼的景点也可能会在导游人员的介绍下变得生机勃勃。

### （二）组织、引领游客观赏与参与民俗表演

导游人员通过组织、引领游客观赏与参与民俗表演的方式获取旅游文化信息，较之其他方式要更生动、更直接。第一，民俗表演是动态展示过程，观赏性很强，能够吸引游客驻足欣赏；第二，民俗表演的可参与性较强，容易引起游客的共鸣，激起游客想参与其中的欲望；第三，一旦游客参与到当地民众的民俗表演之中，就可以亲身感受当地的文化氛围，融入当地的文化氛围当中，会使游客无意识地被感染、被熏陶。

例如，素有“欢快民族”美誉的朝鲜民族演员与游客共唱民族歌曲，共跳民族舞蹈；勇猛激烈的摔跤、凌霄飞荡的高空秋千将竞技与文娱合为一体；风味独特又正宗的朝鲜族饮食，原汁原味的风俗演出，这些都会对游客产生强烈的吸引力。

### （三）与游客进行互动

在具体的旅游实践活动中，导游人员对某地旅游文化的传播并非符合所有游客的需求，又由于游客的个体差异，因此他们在接收异域文化的时候必然会产生各种疑惑，这个时候就会提出这样或那样的问题，这就需要导游人员进行解释、给予解答。另外，导游人员与游客的这种互动交流形式也会加深游客的记忆，增强旅游文化的传播效果。

# 参考文献


[1] 马波．我国旅游文化研究的回顾与前瞻［J］．桂林旅游高等专科学校学报，1999（2）：8-10.

[2] 马波．现代旅游文化学［M］．青岛：青岛大学出版社，1998.

[3] 肖红根．国内外旅游文化研究述评［J］．华侨大学学报（哲学社会科学版），1994（1）.

[4] 张国洪．旅游文化学：研究选位与学科方向［J］．旅游学刊·基础理论与旅游教育专刊，1999.

[5] 张国洪．中国文化旅游——理论·战略·实践［M］．天津：南开大学出版社，2001.

[6] 王德刚．试论旅游文化的概念和内涵［J］．桂林旅游高等专科学校学报，1999（4）：39-42.

[7] 谢元鲁．旅游文化学［M］．北京：北京大学出版社，2007.

[8] 宋彩义，程道营．中国旅游文化［M］．开封：河南大学出版社，1999.

[9] 马锐．对中国旅游资源开发的探讨［J］．兰州学刊（社会学·管理学研究），2005（6）：225-227.

[10] 韩箐，刘超，颜娜．旅游文化资源的开发与利用［J］．资源开发与市场（资源开发），2003，19（2）：103-105.

[11] 谢贵安，华国梁．旅游文化［M］．北京：高等教育出版社，1999.

[12] 徐菊凤．旅游文化与文化旅游：理论与实践的若干问题［J］．旅游学刊，2005（4）：67-72.

[13] 唐若磷．试论我国景区中旅游文化的地位和作用［J］．中国商贸，

2011（32）：197-198.
［14］厉建梅．文旅融合下文化遗产与旅游品牌建设研究——以山东天上王城为个案［D］．山东：山东大学，2016.
［15］刘洋．文化旅游与城市经济协调发展研究［D］．齐齐哈尔：齐齐哈尔大学学报（哲学社会科学版），2015，（11）：49-51，66.
［16］张渊博．论基于地域文化的旅游文化资源开发［J］．湖北函授大学学报，2011，24（8）：66-67.
［17］徐秋明．地方文化研究与旅游文化资源开发——以广西桂东南旅游文化为例［J］．经济与社会发展，2008，6（11）：5-8.
［18］黄露．旅游文化的传播战略研究［J］．中国集体经济，2018（20）：125-126.